GIANCARLO FORNEI

DONNE IN CRISI

Come Tornare a Sorridere, a Piacersi, a Riappropriarsi della Propria Vita

Titolo

"DONNE IN CRISI"

Autore

Giancarlo Fornei

Editore

Bruno Editore

Sito internet

www.brunoeditore.it

www.giancarlofornei.com

Sommario

Chi è Giancarlo Fornei

Mi chiamo Giancarlo Fornei e sono un formatore motivazionale e un mental coach. Da più di ventidue anni mi occupo di consulenza e formazione nel campo del marketing turistico, comunicazione efficace e tecniche di vendita. Dal 1999 mi occupo, in particolar modo, di formazione nel settore dell'autostima, pensiero positivo e motivazione umana. Da buon marketer, ho sempre anticipato gli eventi e dopo aver conosciuto e cominciato a studiare la PNL già nel lontano 1994, ho cominciato a occuparmi di life & sport coaching dal settembre 2003. Dicono di me che sono particolarmente abile nel valorizzare le persone e aiutarle a sfruttare al meglio le risorse che hanno. La maggior parte delle persone che fanno coaching con me e i partecipanti ai miei seminari apprezzano soprattutto l'entusiasmo e la passione che metto nel trasmettere le mie conoscenze ed esperienze. La stessa passione e lo stesso entusiasmo che mi hanno contraddistinto in tutta la mia vita, nella buona e nella cattiva sorte.

La mia missione è aiutare le persone a definire e raggiungere i propri obiettivi. Per fare questo ho sviluppato un programma di coaching chiamato *Mental Coaching per Obiettivi in 5 Passi*. Le tecniche che insegno facendo coaching e che descrivo dettagliatamente nell'ebook le ho testate e sperimentate ripetutamente. Ecco perché funzionano. Tu devi soltanto *agire* e *metterle in pratica*, con costanza. Sono autore dell'ebook motivazionale *Penso Positivo*, edito da Bruno Editore.

Introduzione

Se hai acquistato il mio ebook è molto probabile che anche tu sia una donna tra i trenta e i cinquant'anni, in crisi. Potresti essere in crisi d'amore, in crisi coniugale, in crisi di obiettivi oppure all'interno di una crisi di identità. Qualsiasi crisi sia, leggi con fiducia le pagine che seguono: sapranno aiutare anche te.

Probabilmente, guardandoti allo specchio non ti piaci più. La tua vita affettiva è nulla o poco più di zero, la tua vita sessuale è sparita, scomparsa. Il tuo lavoro non ti gratifica o, comunque, non riesce più (o forse non lo ha mai fatto) a regalarti quelle soddisfazioni di una volta. La tua autostima è bassa, molto bassa, quasi sotto i tuoi tacchi. Probabilmente sei sposata (e infelice). Sei una donna sola, molto sola, che ha perso la fiducia nella vita e nelle persone intorno a sé.

Conoscevi questo quadro? Ti rispecchia? Allora fai un bel respiro con il naso ed espira con la bocca, e stai tranquilla. Ho aiutato molte donne con queste caratteristiche. Forse, posso aiutare anche te. Mettiti comoda e comincia a leggere il mio ebook. Prenditi sette giorni a partire da oggi: i sette giorni che cambieranno per sempre la tua vita.

Ogni giorno leggi un capitolo (per questo chiamato: *Giorno*) tutto d'un fiato, sottolinea le cose importanti e comincia da subito a metterle in pratica. Il giorno dopo, prima di cominciare a leggere il nuovo Giorno, ripassa le cose che hai evidenziato. Fai la stessa cosa per ogni Giorno. Alla fine della prima settimana, dopo che avrai letto tutto l'ebook, acquista un diario e comincia a seguire i consigli presenti nell'ebook, a scrivere. Scrivi, scrivi e ancora scrivi. Metti per iscritto tutti i tuoi pensieri: ti sorprenderai di scoprire quanto ciò possa essere utile.

Leggi l'ebook con fiducia e, soprattutto, segui alla lettera i molti consigli utili che vi troverai. Consigli che ti permetteranno di ricostruire, goccia dopo goccia, la tua autostima. Per tornare a sorridere. Per tornare a vivere e ad assaporare i momenti belli che ogni donna dovrebbe provare. Per tornare a piacerti, ad amarti per quello che sei. Insomma: per tornare a riappropriarti della vita che ti appartiene. Quella vita che probabilmente conoscevi già e che, forse, hai perso per strada molto tempo fa. Insomma: vuoi deciderti a riprendertela, o no?

Se anche tu, in questo momento, hai un po' di confusione in testa e stai cercando di capire che cosa devi fare per uscire da questo tunnel lungo e nero, posso tranquillizzarti: questa situazione è tipica di tutte quelle donne che hanno toccato il fondo e vogliono riuscire a capire cosa fare della propria vita. Ti basta accendere una piccola fiammella e tenerla alimentata con la tua energia vitale. Mano a mano che la tua autostima crescerà, crescerà anche la fiammella, sino a diventare una fiamma rigogliosa, che trasmette calore per sé e anche per altri.

Dato che sono un uomo, probabilmente ti starai chiedendo come faccio a conoscere tutti questi problemi tipicamente femminili. Bene, ti racconto brevemente la mia storia. Io sono un formatore motivazionale e un mental coach che si è dato una missione ben precisa nella vita: *aiutare le persone a raggiungere un obiettivo in 5 passi*. Mi piace aiutare le persone a definire, focalizzare e raggiungere i propri obiettivi. Mi piace motivare e aumentare le fiammelle dell'autostima delle persone. Lo faccio ogni giorno, sia in aula quando organizzo i miei seminari e le mie conferenze motivazionali in giro per l'Italia, sia con le singole persone che vengono a fare coaching da me. Non ti nascondo che a volte mi riesce di più, altre di meno. Purtroppo non sono un mago, anche se metto sempre il massimo dell'impegno per aiutare le persone.

Chi entra in contatto con me e mi conosce afferma che ho la capacità particolare di ascoltare, guidare e valorizzare le persone. Sicuramente è vero: mi è riuscito molte volte di valorizzare qualcuno che si considerava una persona negativa e fallimentare (o che era stata considerata tale da qualcun altro). Anche se, come dicevo sopra, non possiedo bacchette magiche e non faccio strani rituali, sono invece convinto che sia il mio modo di fare il mio lavoro che mi permetta di ottenere dei piccoli e, a volte, grandi risultati: ci metto passione, tanta passione e tanto entusiasmo. E siccome la passione e l'entusiasmo sono contagiosi... ecco svelato il mistero!

Questo mio modo particolare di relazionarmi con le persone e, in particolar modo, con i miei clienti, mi ha permesso di capirli e di aiutarli a crescere. Soprattutto, mi sono accorto che negli ultimi anni ho lavorato con moltissime donne. Quasi tutte tra i trenta e i cinquant'anni; quasi tutte in crisi di autostima e con forti problemi d'identità. Tutte desiderose di riprendersi la propria vita anche se non sapevano da che parte cominciare. Dopo averne aiutate tante con il coaching, mi sono detto che forse potevo aiutarne molte di più raccontando loro le mie esperienze, mettendole per iscritto in una sorta di guida, di vademecum per uscire dal *tunnel nero*. Ecco perché ho pensato di scrivere questo ebook.

Dunque: se anche tu sei una donna in crisi, stai tranquilla. Come ci sono riuscite molte altre amiche, anche tu puoi tornare a sorridere. Devi solo avere fiducia, tantissima fiducia in te stessa e cominciare a fare le cose che ti consiglio nel mio ebook. Buona lettura! Ti auguro di trovare qui tutta la forza di cui hai bisogno, magari, prendendo a prestito un po' della mia energia e forza di volontà. Usane pure quanta ne vuoi: mi sono accorto che, paradossalmente, più aiuto gli altri più ricarico le mie batterie. Più le ricarico e più diventano inesauribili, quindi… usa pure tutta l'energia che ti serve!

Insomma, dopo aver aiutato molte persone a cambiare il proprio modo di pensare, insegnando loro a *pensare positivo* scrivendo il mio precedente ebook, questa volta voglio insegnare a te e a tutte le donne che leggeranno questo nuovo ebook come tornare a sorridere, a piacersi, a riappropriarsi della propria vita. *Donne in Crisi* contiene, in maniera dettagliata lo stesso programma di coaching che utilizzo e che ho utilizzato per aiutare quelle donne che hanno chiesto il mio aiuto.

Ogni giorno equivale a un passo da compiere. Ogni passo è ricco di spiegazioni e di esercizi da compiere ogni giorno. Leggilo una prima volta tutto d'un fiato. Poi riprendilo in mano e comincia a mettere in pratica: ogni giorno, un concetto e un esercizio diverso. Fai un passo alla volta. Impara a compiere ogni giorno un piccolo passo nella direzione della tua nuova vita. Agisci subito, senza limitarti a leggere solamente l'ebook.

Ricorda che il presupposto su cui si fondano tutti i consigli che trovi in *Donne in Crisi* è **l'azione**. Agisci ogni giorno, con costanza e determinazione. Ogni giorno fai un piccolo passo in avanti. Ogni giorno alimenta la fiammella della tua energia, della tua autostima. Ogni giorno devi compiere un piccolo passo per riappropriarti della tua vita. Come insegnava il grande Milton Erickson: «Un centimetro alla volta».

Se alla lettura farai **sempre** seguire l'azione, sono certo che entro i prossimi tre/quattro mesi avrai gettato le basi per la tua rinascita e, guardandoti allo specchio, scoprirai di essere molto più bella di quanto tu possa pensare e, soprattutto, scoprirai di ricominciare a piacerti e a volerti bene. Questo sarà il primo passo per alimentare quella sana autostima necessaria a tutte le persone di questo mondo e che a te servirà per riprenderti la **tua** vita. Ricordati: non succede niente se non inizi niente. Comincia ora, comincia subito ad agire. Ogni piccola azione che farai sarà un piccolo passo in avanti, verso la tua libertà.

Un sincero *in bocca al lupo*, e... buona lettura!

Giancarlo Fornei

Formatore Motivazionale & Mental Coach

Che aiuta le persone a raggiungere un obiettivo in 5 passi

Ps: l'ebook contiene molte storie vere di donne che hanno lavorato con me, risolto i propri problemi e si sono riappropriate della propria vita. Ho raccontato alcune delle esperienze più significative esaminate con le mie clienti negli ultimi tre/quattro anni per farti prendere consapevolezza di alcuni problemi e di come sono stati risolti.

Ho solo modificato i nomi e la località di provenienza delle persone (del tutto inventati), per tutelare la loro privacy. Ho invece mantenuto la professione (generalizzandola un pochino quando era troppo specifica) e l'età delle donne con cui ho lavorato. In modo da farti capire che queste "crisi d'identità" colpiscono tutte, indipendentemente dallo stato sociale, dai soldi e dal lavoro svolto.

GIORNO 1:

Cerca il vero motivo

Donne che entrano in crisi coniugale e danno la colpa ai soldi. Donne che sul lavoro non riescono a raggiungere traguardi ambiziosi e danno la colpa agli uomini maschilisti. Donne che hanno problemi relazionali con i figli e danno la colpa all'ex marito. Donne in crisi d'identità che danno la colpa al fatto che a quarant'anni non riescono ancora a trovare l'uomo della loro vita. Ma tu sei proprio certa che il motivo della tua crisi sia quello giusto?

Pensavi che alla base della tua crisi matrimoniale vi fossero i soldi che scarseggiavano in famiglia, ma in realtà tu e lui non fate più all'amore da oltre un anno, prima ancora che la crisi economica arrivasse in casa tua. Pensavi che i problemi relazionali con tuo figlio dipendessero dal tuo ex marito, che te lo istiga contro, che mette in discussione ogni tua decisione e che non offre supporto all'educazione che tu gli hai trasmesso, ma la verità è che sei molto più attaccata alla carriera di quanto tu possa pensare e tuo figlio paga lo scarso dialogo che hai con lui.

Pensavi che il problema della tua crisi d'identità fosse il fatto che hai già raggiunto i quarant'anni e ormai ti senti troppo "vecchia" per cercare un uomo che sappia amarti veramente, quasi come se tu avessi perso la speranza di trovarlo. Ma la verità è che non fai assolutamente nulla per cercarlo. Anzi, da come ti comporti sembra quasi che tu faccia appositamente di tutto per non trovarlo, come se, paradossalmente, ti spaventasse di più trovarlo che rimanere sola.

Questi casi che ti ho appena descritto sono alcune storie **vere,** in cui mi sono imbattuto negli ultimi tre anni con donne tra i trenta e i cinquant'anni, con le quali ho avuto il piacere di lavorare per aiutarle attraverso il coaching. Donne che hanno dato la colpa della propria crisi relazionale, coniugale o d'identità al primo problema che hanno incontrato, a quello che era il più evidente. Per scoprire, in seguito, che il vero problema della loro crisi era ben altro, e che si trovava laddove *non volevano assolutamente guardare.* Laddove non avevano il coraggio di guardare.

Naturalmente, lungi da me il voler generalizzare e semplificare il tutto dicendoti che il vero motivo della tua attuale crisi è diverso da quello che tu pensi che sia. Talvolta, il vero problema potrebbe essere proprio quello che hai individuato. Ma altre volte potresti concentrare la tua attenzione su di un falso problema, perdendo tempo ed energie per risolverlo.

Diciamo che, in base alla mia specifica esperienza, almeno nel 50% dei casi (una volta su due) il vero problema è un altro. Quindi, prima ancora di concentrarti sul problema, devi essere forte e cercare il vero motivo della tua crisi. E sappi che il vero motivo, molto spesso, è proprio nel posto in cui non vorresti mai guardare, nel posto in cui affermi a spada tratta che va tutto bene... che lì, non ci sono problemi.

Una delle prime cose che invece dovresti imparare a fare è quella di metterti in discussione su tutto: su qualsiasi argomento, in qualsiasi contesto, con qualsiasi persona. Apri gli occhi, lascia da parte l'orgoglio e impara a cercare il vero motivo della tua crisi: se poi coincide con quello che pensavi già, meglio. Vorrà dire che lo avrai ben chiaro davanti a te e che, quindi, potrai focalizzare ogni sforzo su di esso, concentrare tutte le tue energie per risolverlo bene e in maniera definitiva. Una volta per tutte.

SEGRETO n. 1: impara a metterti in discussione e a cercare il vero motivo della tua crisi. Cercalo proprio laddove non andresti mai a cercarlo. Cercalo nei posti più impensabili.

La prima cosa che insegno alle donne che vengono da me e mi chiedono aiuto è cercare il vero motivo dei loro problemi. Il primo segnale della crisi di molte di loro è quello di non capire più chi sono e che cosa vogliono dalla propria vita. La fascia di età critica è quella che va dai trenta ai cinquant'anni: è lì che ho notato la massima concentrazione di donne che, in crisi per uno dei motivi che ho evidenziato nelle pagine precedenti, si rivolgono a me in cerca di aiuto.

Prima dei trent'anni le donne sono ancora nel pieno della ricerca della felicità, inseguono i propri sogni e si battono con tutte le proprie forze. Credono ancora nell'amore con la A maiuscola e, molte di loro, nel principe azzurro che verrà a prenderle sul cavallo bianco. Spesso non sono ancora sposate e vedono il matrimonio e la famiglia come un obiettivo da perseguire con forza (quasi come se fosse un'icona). I figli, poi, sono come ancore positive che possono e debbono tenere unita la famiglia. Servono, secondo molte di loro, per dare stabilità.

Passati i cinquant'anni, invece, hanno già superato molti dei problemi della propria vita e sono nel pieno della consapevolezza di sé, si sono accettate per quello che sono e hanno capito che possono ancora offrire moltissima energia alla vita. Insieme alla propria maturazione, hanno sviluppato un migliore rapporto con il proprio corpo e lo accettano per quello che è (se sono grasse si piacciono grasse, se sono magre si piacciono magre, se hanno dei difetti si accettano con quelli, se non sono molto belle se ne sono fatte una ragione ecc.).

Hanno già formato gli anticorpi a quelle che io considero le due più forti fonti di delusioni femminili: l'**amore** e la **famiglia** (in base alle mie specifiche esperienze la delusione legata al lavoro e alla carriera è molto più rara). Paradossalmente, è come se fossero pronte per ricominciare una nuova vita e infatti, non di rado, la donna riscopre il piacere di amare in età non più giovanissima e spesso l'amore che trova è quello *vero*, quello in grado di accendere nuovamente i suoi sensi, di regalarle tutta una serie di emozioni di cui gli anni precedenti erano stati avari.

Insomma, non di rado dopo i cinquant'anni, con l'avanzare dell'età, le donne ritrovano anche la serenità e la capacità di apprezzare la vita, anche se questa è ben lontana dall'immagine che se ne erano fatte quando erano giovani.

Quello che io chiamo il *tunnel nero* femminile si forma solitamente tra i trenta e i cinquant'anni. In questa fascia di età le donne sono stranamente più deboli e indifese. Come se le barriere che le difendono si siano improvvisamente arrugginite e facciano fatica a uscire dalle guide e ad ergersi davanti a loro. Cominciano a entrare in paranoia, a non avere più stimoli positivi di alcun genere. Rifiutano le tante piccole gioie che la vita riserva loro e si focalizzano solo e unicamente sugli aspetti negativi che, per la *Legge di Attrazione* finiscono per attirare inevitabilmente nella propria vita.

A tale proposito ti consiglio di leggere *La Nuova Legge di Attrazione*, lo splendido ebook di Giacomo Bruno e Viviana Grunert che affronta l'argomento con estrema chiarezza e mostra con semplicità come usarla a proprio vantaggio (vedi note bibliografiche a fine ebook). L'ebook spiega come più una persona si concentri su qualcosa e più questa diventi vicina, concreta e realizzabile. E purtroppo, se ti concentri sulle cose brutte e negative della vita, ti arriveranno cose brutte e negative.

La vita di queste donne diventa piatta, amorfa e monotona. Si chiudono in se stesse e nulla o quasi le interessa più. Entrano in crisi di amore, di convivenza, di identità. Naturalmente, è bene evitare di generalizzare e non voglio assolutamente affermare che tutte le donne tra i trenta e i cinquant'anni prima o poi entreranno in crisi. Fortunatamente non è così. Anche se, nella mia specifica esperienza di coach, i numeri sono a testimoniare, impietosamente, che sei/sette clienti su dieci sono donne in quella fascia di età. È probabile che vi sia anche una componente di casualità. Che con il tempo mi sia sempre più inconsciamente specializzato nell'aiutare le donne a uscire dal proprio *tunnel nero* e che le mie clienti si siano passate parola tra di loro, sino a farmi diventare una sorta di mental coach focalizzato e specializzato nell'aiutare donne in crisi. Anche se converrai con me che è comunque un fenomeno su cui dobbiamo assolutamente riflettere.

SEGRETO n. 2: le donne entrano in crisi tra i trenta e i cinquant'anni. In questa fascia di età sono paradossalmente più deboli e indifese.

La storia vera di Carla

«Una sorta di tunnel in cui l'uscita si allontana sempre di più e non si intravede mai». Questa è la frase, riportata per intero, che un giorno mi ha detto Carla, una signora piacente di trentaquattro anni, sposata da sette con un uomo che la tradiva da ben sei anni con prostitute. Praticamente, quasi l'intera durata del suo matrimonio. Quell'uomo cercava emozioni trasgressive che sua moglie non riusciva a dargli perché molto pudica e priva di un certo tipo di seduttività (solo in maniera apparente, perché in seguito avverrà in lei una trasformazione indescrivibile).

Quella donna girava tutto il giorno imbacuccata in una tuta da ginnastica molto larga, in modo da non far apparire nessuna delle sue splendide forme. Anche quando venne da me, indossava un'anonima tuta grigia, larga, che la faceva sembrare grassa e goffa. Le perenni scarpe da tennis ai piedi completavano l'opera di renderla quasi priva di ogni elemento di femminilità. Femminilità che, invece, possedeva in dosi abbondanti, come mesi dopo scoprii da solo.

Nonostante la giovane età e il fatto che fosse molto bella (ha due splendidi occhi verdi e capelli neri e lunghi che aspettavano solo di essere valorizzati in un'acconciatura diversa), Carla sembrava uscita da un ospizio (con tutto il rispetto per chi è realmente avanti con gli anni).

Non voleva assolutamente prendere in considerazione l'ipotesi che suo marito la tradisse da sei anni con prostitute (il vero motivo per cui i soldi in casa non bastavano mai) e dava la colpa della crisi del matrimonio al fatto che lui avesse il vizio del gioco d'azzardo e spendesse tutti i soldi che guadagnava al tavolo da poker e in quei giochini come le slot machine che si trovano nei bar (che comunque sono una piaga per molte persone).

In effetti, lui aveva dei problemi economici e non riusciva a portare a casa tutti i soldi che guadagnava perché aveva dei "vizi strani", anche se erano ben diversi da quelli che lei immaginava o, forse, sarebbe meglio dire: che non voleva vedere. Al punto che, dopo tre sessioni di coaching, volle smettere di lavorare con me perché sosteneva che la propria tesi era giusta e che io non la stavo aiutando, anzi, che la indirizzavo verso una strada sbagliata. Quindi mi salutò e non la vidi mai più.

Sino a sabato 17 maggio 2008, in quel di Viareggio (Toscana), nel corso di uno dei miei seminari motivazionali. Nel frattempo erano passati quasi due anni e, con molta franchezza, ho faticato a riconoscerla. Se non fosse stato per lei, che a fine seminario ebbe la pazienza di aspettare per salutarmi e dirmi chi fosse, non avrei mai capito che quella donna bellissima era la stessa che si celava dentro la tuta larga e anonima. Dopo avermi ricordato chi fosse e in quale contesto l'avevo conosciuta, mi raccontò che prima del Natale precedente, armata di coraggio, aveva lasciato il marito e si era rifatta una vita. Non stentai a crederlo, perché era bellissima nel suo sorriso radioso e luminoso.

In pochi mesi, lontana dal marito, quella donna goffa e anonima si era trasformata in un cigno bellissimo. Capelli lunghi e neri, con frangetta. Indossava uno spolverino nero, sopra a un tailleur gessato nero, camicetta bianca con pizzo e gonna corta appena sopra il ginocchio. Già alta di statura, era semplicemente maestosa calzando i tacchi alti. Mi abbracciò stringendomi forte e mi disse, sussurrandomi nell'orecchio, solamente sei parole: «Grazie per avermi aperto gli occhi». Poi mi diede un bacio sulla guancia, illuminò il proprio sorriso e andò via. Restai lì meravigliato a guardarla mentre si allontanava, trasformatasi da goffa massaia in femme fatale che lasciava il segno. Credo che il suo ex marito sia ancora da qualche parte a domandarsi come abbia fatto a perdere un "cigno" così meraviglioso.

Ti porto un altro esempio di come spesso accade che ci si focalizzi sul problema sbagliato. Dopo che quella donna aveva preso atto che stava affrontando il problema sbagliato, ha avuto il coraggio di guardare nella giusta direzione, laddove si celava il vero problema e lasciare un uomo che probabilmente valeva poco… anzi: togli il *probabilmente*. Si era rifatta una vita e, soprattutto, una propria identità. Era diventata una donna nuova e, paradossalmente, era stato più facile di quanto potesse pensare e immaginare. Avrei voluto fartela vedere: dire che era bellissima è poco! Mi chiedo dove avesse lasciato fino a quel momento la sua provocante femminilità.

SEGRETO n. 3: prendi coraggio e affronta le tue paure e i tuoi timori. Spesso sono più deboli e più facili da sconfiggere di quanto tu possa pensare. Devi solo provarci.

Il secondo segnale di una crisi in atto è una sorta di menopausa precoce, che però spesso non trova riscontri nella fisiologia del corpo femminile. Proverò a spiegarti che cosa sia la menopausa, anche se, probabilmente, conoscerai l'argomento molto meglio di me. Ad ogni modo, la menopausa è l'evento fisiologico che nella donna corrisponde al termine del ciclo mestruale e dell'età fertile. Ciò provoca nella donna una serie di mutamenti, che vanno da quelli metabolici a quelli sessuali, sino agli aspetti psicologici. La menopausa sopraggiunge, normalmente, fra i cinquanta e i cinquantadue anni, pertanto oltre quella fascia di età critica di cui ti sto parlando.

Se poi vogliamo prendere in considerazione la vera menopausa precoce, che si manifesta nella fascia di età inferiore ai quarant'anni, è opportuno dire che ha diverse origini molto particolari, come ad esempio anomalie genetiche, difetti enzimatici, infezioni virali e patologie immunitarie. Insomma, è vero che può capitare nella fascia di età che chiamo il *tunnel nero* femminile, anche se si dovrebbero verificare un po' di complicazioni rare o quantomeno singolari.

Personalmente, invece, penso che questo secondo segnale sia una sorta di blocco mentale da cui nasce quella che io definisco "menopausa mentale", dove anche l'aspetto sessuale è vissuto con passività, in molti casi addirittura con rifiuto. Dunque, non è tanto la menopausa reale a creare il problema, quanto il non sapersi accettare per quello che si è realmente e vivere pienamente la sessualità. Finendo, di fatto, nel crearsi un blocco mentale che attiva, inconsciamente, i sintomi della menopausa, senza che questa ci sia realmente. Riassumo: non sei realmente in menopausa, ma la tua mente finisce per crederci e il tuo corpo agisce di conseguenza.

La storia vera di Alida

Mi torna in mente la storia di una donna di trentotto anni che aveva smesso di fare all'amore con suo marito da oltre un anno. Colta e di famiglia benestante, era entrata in una sorta di limbo mentale in cui la sfera sessuale non la interessava più (così almeno affermava lei). "Cerebralmente evoluta", si era definita la prima volta che era venuta a trovarmi.

Continuava a ripetermi che il sesso per lei non era importante e che non capiva come mai il marito – da circa un anno – non avesse più voglia di uscire la domenica, di andare al cinema, a teatro, a passeggiare, a fare shopping in centro… insomma: di uscire con lei. Lo accusava di non fare assolutamente nulla per *capirla*, per comprendere la sua situazione, i suoi desideri, le sue esigenze. A ciò, aggiungeva un problema nel problema: lo aveva trovato più di una volta a visitare siti internet non propriamente casti e puritani (paradossalmente fortunata, rispetto a Carla, la donna della storia precedente).

Dopo quasi due ore che parlava ripetutamente lei e solo lei, ammetto tranquillamente che ero tentato di farla andar via, e di dirle apertamente che di professione facevo il coach e che se avesse avuto bisogno di sfogarsi con qualcuno poteva andare da un prete (tra l'altro: non le sarebbe costato nulla) o, magari, da qualcuno che fosse disposto ad ascoltarla in maniera passiva, lasciandola sfogare. Tra le altre cose, e questo non deponeva certo a suo favore, aveva anche un modo di fare un po' altezzoso e perciò si rendeva spesso antipatica. Cercavo di immedesimarmi nel marito, che doveva sopportarla tutti i giorni, ma con molta franchezza non osavo immaginarmelo.

Resistetti alla tentazione e, mano a mano che Alida aggiungeva pezzi di informazione e la potevo osservare bene, mi si aprivano metaforicamente delle finestre, che mi portavano a pensare che i suoi problemi, quelli che sino a quel momento mi aveva raccontato con molta enfasi incolpando suo marito di tutto, in realtà non fossero i veri motivi della sua crisi coniugale. Naturalmente, era solo la mia impressione e dovevo verificarla, anche se il naso mi diceva che ero sulla strada giusta. E il mio naso, nella mia vita, non mi ha mai fatto prendere un abbaglio.

Ma questa donna si era mai posta una banale domanda e cioè: «Come mai mio marito non vuole più uscire con me?» Probabilmente no, almeno fino a quel momento.

Devo fare una precisazione importante. A rafforzare le mie sensazioni vi era il suo modo stravagante di vestire, che non passava inosservato. Rispetto a Carla, la donna della storia di prima, vi erano alcune sostanziali differenze: prima fra tutte il fatto che questa signora era effettivamente poco piacente e un po' grassa.

Diciamo che se Carla nascondeva il suo bel corpo in una tuta larga, Alida era il contrario e non faceva assolutamente nulla per non apparire, e anzi ostentava una certa sicurezza e spavalderia indossando abiti, che con molta onestà, poteva portare l'altra, non lei: minigonne, pantaloni attillati, magliette che lasciavano l'ombelico scoperto ecc. Vorrei evitare di apparire bacchettone o maschilista e, pur con tutto il rispetto che posso nutrire nei confronti delle persone, oserei affermare che esistono comunque dei limiti al buon gusto.

Ognuno dovrebbe prenderne atto e vestirsi e comportarsi di conseguenza, con decenza. Ad ogni modo, il mio compito non era quello di giudicarla, bensì di aiutarla a superare quelli che apparentemente erano i problemi della sua crisi matrimoniale.

Feci con Alida sette/otto sessioni di coaching, le prime tre molto vicine tra loro, distanti solo una settimana l'una dall'altra. Nelle prime tre – onestamente le più difficili per lei – la portai a ragionare e riflettere su un aspetto che non aveva considerato o che, forse, non voleva considerare: il fatto che, effettivamente, fosse un po' grassa e che si vestisse in maniera troppo appariscente, rendendosi ridicola agli occhi delle persone, e soprattutto, di suo marito. Questo era il suo vero problema, quello che aveva innescato la crisi coniugale e, di riflesso, la sua "pace dei sensi".

Devo ammettere che non fu per nulla facile far capire ad Alida che suo marito non voleva uscire la domenica con lei perché si vergognava, non tanto perché lei fosse grassa (infondo, la sua era una grassezza comune, niente di eccessivo e, soprattutto, niente di irrecuperabile), bensì perché lei ostentava questa grassezza con abiti succinti che la rendevano ridicola, molto ridicola, agli occhi dei più. Lei non si accorgeva di tutto questo, ingenuamente pensava che la gente che la guardava lo faceva per altri motivi, e cioè perché fosse piacente. Invece…

Facendola parlare, e subito dopo prendere atto delle cose con un giusto feedback, si rese conto che anche sua figlia adolescente (credo che all'epoca avesse quattordici anni) aveva con lei un "comportamento strano". A differenza di molte adolescenti che sono solite confidarsi e portarsi dietro le proprie madri quando vanno a fare shopping, la ragazzina non voleva che Alida l'andasse a prendere a scuola e tantomeno che l'accompagnasse a fare acquisti nei negozi. Stranamente, poi, si era chiusa in un mutismo che solamente a quel punto Alida cominciava a notare. Piano piano la donna cominciava a rendersi conto del perché suo marito non volesse uscire con lei, e perché neppure sua figlia amasse averla intorno.

Cominciava a diventare sempre più consapevole che, forse, non aveva ancora raggiunto la "pace dei sensi" come affermava, bensì rifiutava inconsciamente di fare l'amore con suo marito perché non stava bene con se stessa, con il suo corpo. Dopo che Alida prese atto che il problema del suo matrimonio in crisi era un altro rispetto a quello che essa pensava e, soprattutto, dopo che ebbe metabolizzato il vero motivo della crisi coniugale (il suo modo di rendersi ridicola per non accettare di essere grassa), cominciammo a lavorare su un programma che, in sei mesi, l'avrebbe portata a riconquistare suo marito, sua figlia e, soprattutto, se stessa.

Alida oggi frequenta una palestra assiduamente. Si è fatta prescrivere da un nutrizionista un programma di dieta bilanciata e negli ultimi sei mesi ha perso quasi sette chili e sta piano piano tornando al suo peso forma. Soprattutto, Alida ha smesso di vestirsi in maniera ridicola, esibendo il grasso della pancia o fasciando il corpo in pantaloni e abiti attillatissimi. Alida ha riconquistato suo marito e ripreso a fare all'amore con lui: segno che non vi era alcun problema di menopausa o menopausa precoce. Ha smesso di definirsi "cerebralmente evoluta", è sempre una donna molto colta, anche se, a differenza di prima, evita di far pesare la propria cultura. Anzi: sua figlia ha scoperto in lei una simpatia fuori del comune, che evidentemente prima Alida non voleva o non riusciva a dimostrare.

Un giorno, ricevetti un biglietto da parte di suo marito. C'era scritta questa frase: «Ho provato più di una volta a farle capire che l'amavo per quello che era, anche se grassa. Anzi, mi piacevano le sue curve abbondanti! È solo che, vestendosi in quel modo, rendeva ridicola se stessa, sua figlia e anche me. Era diventato impossibile continuare a vivere con Alida. Lei ha salvato il mio matrimonio. Grazie per quello che ha fatto.»

Dopo che Alida capì e accettò che il problema potesse essere proprio lei, il suo modo di vestirsi e di atteggiarsi in pubblico, tutta la sua vita cambiò e prese una nuova direzione, quasi insperata sino a quel momento. Esattamente: sino a quando pensava che il problema fosse suo marito. Eccoti un altro esempio di come ci si possa focalizzare sul problema sbagliato.

SEGRETO n. 4: ogni tanto mettiti in discussione e prova a pensare se il problema dei tuoi problemi non sia in realtà te stessa.

Ma quali sono gli elementi che scatenano le crisi nelle donne?

In base alle mie esperienze gli elementi scatenanti sono sostanzialmente tre:

1. delusioni d'amore;

2. crisi coniugali e/o della famiglia;

3. crisi d'identità personale.

Da notare che difficilmente la donna va in crisi per problemi legati al denaro, al lavoro o alla carriera. Da questo punto di vista ha un modo di approcciare e affrontare il problema molto più razionale e pragmatico, con fare più spigliato e capace rispetto a noi uomini, che sentiamo enormemente il peso della responsabilità di "portare a casa la pagnotta". E che, se non ci riusciamo, finiamo per entrare in crisi, per sentirci dei falliti.

Delusioni d'amore

Viceversa, posso testimoniare che nei casi che ho affrontato e aiutato a risolvere, le donne sono entrate facilmente in crisi perché si erano innamorate di un altro uomo, magari "un po' cattivello" e che non rispettava i loro sentimenti. E ancora: perché il loro nuovo amore era pressoché bello e impossibile da vivere (mi ricordo ancora di una signora di oltre quarant'anni, sposata con due bambini, che si era innamorata di un ragazzo poco più che ventenne).

Crisi coniugali e/o della famiglia

Altro tipo di crisi femminile è quella coniugale e/o della famiglia in generale. Molte donne entrano in crisi dopo aver scoperto che il loro amore eterno, la storia romantica, l'amore travolgente con l'uomo della loro vita era in realtà una bella favola che sognavano quando erano ancora fidanzate o appena sposate. Poi aprono gli occhi e si rendono conto che il sogno è ben lontano dalla realtà quotidiana della loro vita matrimoniale. Naturalmente, molti matrimoni resistono nel tempo, anche se – in tutta onestà – sono sempre meno e sono sempre di più le donne che entrano in crisi dopo aver idealizzato un amore *perfetto*, un uomo *perfetto*, un matrimonio *perfetto*. Forse, e sottolineo: forse, per vivere un amore maturo la donna (e non solo la donna, in realtà...) dovrebbe saper accettare una condizione instabile per sua natura.

Crisi d'identità personale

E ancora: le donne entrano in crisi quando questa investe direttamente la loro persona, il loro **io** più profondo. Finiscono per non piacersi più e per perdere ogni speranza, ogni goccia di autostima. Credo che questa sia, oggettivamente, la crisi più difficile da gestire e da risolvere, la più complicata, nonché quella che lascia le ferite più profonde.

Spesso la donna smette di amarsi e di volersi bene perché non è più desiderata, non è più al centro delle attenzioni del compagno. Si accorge che da parte dell'uomo vengono meno passione e romanticismo, e subentra la brutta faccia dell'abitudine. Allora si lascia andare, sia moralmente sia fisicamente. Si spegne piano piano, proprio come se fosse una candela consumata. Arriva persino al punto di punirsi fisicamente, di smettere di curarsi se affetta da qualche patologia, o di trascurare completamente la malattia, se questa insorge proprio in quel periodo.

Mi ricordo di una cliente affetta da diabete che smise completamente di farsi lo stick giornaliero (una punturina sul dito che serve per controllare il livello della glicemia nel sangue) e che finiva spesso nel prendere in ritardo la dose quotidiana di insulina. Prima ha ripreso a piacersi, a volersi bene; poi con regolarità a fare i controlli e la terapia che doveva seguire ogni giorno.

Dunque, come ti ho già ampiamente dimostrato, in molti casi (almeno il 50% delle volte con cui ho lavorato con una donna) il motivo reale della delusione, della crisi, era diverso da quello per cui quelle donne erano venute da me. Pur non essendo un mago, senza fare nulla di particolare, le ho ascoltate e ho aperto loro delle finestre che non sapevano neppure di avere. Ho fatto vedere loro delle cose da angolazioni diverse da quelle da cui erano abituate a vederle.

Insomma: le ho aiutate a cercare il vero motivo della loro crisi, e molto spesso lo abbiamo trovato e risolto. Purtroppo, proprio perché non sono un mago, è anche successo che non sia stato capace o in grado di aiutare delle persone che si erano rivolte a me. Vediamo ora un'altra storia vera finita fortunatamente bene, con la soluzione del problema, nella quale puoi identificarti e valutare come avresti potuto risolvere tu un problema analogo.

La storia vera di Giulia

Aveva quarantanove anni portati molto bene ed era ancora una donna bellissima quando venne da me la prima volta, il 20 gennaio 2005 (lo ricordo bene perché era il giorno del mio compleanno). Aveva un'attività imprenditoriale lasciatale dal suo primo marito, deceduto dodici anni prima. Possedeva una bella casa sulle colline toscane, una villa al mare in Versilia, una macchina appariscente e di grossa cilindrata, un bel conto in banca.

Aveva due figlie ormai grandi, entrambe avute dal suo primo marito: Alessia – la maggiore, di circa venticinque anni – era una bella ragazza che lavorava in azienda con lei (bella come la madre; ebbi il piacere di conoscerla personalmente durante uno dei miei seminari motivazionali in Toscana) e Andrea, una ragazza di ventuno anni, che aveva qualche problema di stabilità emotiva.

All'epoca Andrea era in cura da uno psichiatra e in passato aveva avuto anche piccoli problemi di droga, aveva smesso di studiare, non lavorava (anche se in passato aveva svolto qualche lavoretto saltuario) e viveva in casa con la madre. Faceva, in pratica, la mantenuta. Giulia conviveva con un uomo più giovane di lei e, da quello che mi raccontava e avevo capito, lui la sfruttava e viveva alle sue spalle (anche se dalla sua bocca il termine *sfruttava* non era mai stato pronunciato). Ma Giulia lo riteneva importante per la sua sicurezza: si dichiarava debole e bisognosa di un uomo forte, e quell'uomo, purtroppo per lei, lo era.

Nota come nonostante Giulia fosse ancora una bella donna e avesse anche molti soldi, fosse una donna in crisi. Voglio evidenziare queste sue caratteristiche per sfatare le tante voci che affermano che i problemi li hanno solo le persone povere e senza soldi, oppure brutte: è falso! Non bastano i soldi e neppure la bellezza a *fermare* un problema. I problemi non scelgono le persone in funzione dei soldi o meno: sono le persone che si creano, da sole, molti dei problemi della propria vita.

Come diceva il grande scrittore Mark Twain: «Ho avuto migliaia di problemi nella mia vita, la maggior parte dei quali non è mai accaduta veramente.»

Giulia aveva tutto quello che molte altre donne desiderano fortemente: soldi, bellezza, posizione sociale, una bella casa, due figlie ecc. Ma nonostante tutto questo, aveva un problema più grande di tutti i soldi del mondo: Giulia non sapeva più chi era e quello che voleva. E il paradosso del problema di Giulia era che non sapeva di avere un tale problema: anche lei era convinta che il problema fosse un altro.

Era venuta da me raccontandomi della figlia e pregandomi di aiutarla a costruirsi una buona immagine; a crearle un buon curriculum, nonché ad aiutarla a cercare un lavoro. Andrea abitava ancora con lei, e Giulia dava la colpa alla ragazza del fatto che il rapporto con il suo attuale compagno non funzionava più e si era deteriorato.

Continuava a ripetermi che era stanca di mantenere Andrea, che la ragazza doveva trovarsi un lavoro e anche una casa, in modo da andarsene e lasciarle quell'intimità che il suo compagno le rinfacciava continuamente di non avere. Usò proprio questo termine: *rinfacciava*. Dunque, il suo compagno non *chiedeva*, bensì *rinfacciava*.

Sin da quando cominciai a scoprire la Programmazione Neuro-Linguistica nel lontano 1994, seppure da autodidatta, la "linguistica" delle persone mi aveva sempre affascinato e avevo letteralmente divorato libri che parlassero di linguistica e ipnosi. Avevo letto e riletto autori come Milton H. Erickson, Gregory Bateson, Noam Chomsky, Alfred Korzybski e Paul Watzlawick, e dato che ero anche un buon ascoltatore, mi resi subito conto che, pur essendo Andrea un problema importante (anche se non per quello che pensava Giulia, bensì per il fatto che quella ragazza aveva già superato i vent'anni e non aveva ancora trovato un proprio equilibrio e una giusta collocazione nel mondo del lavoro) non era quello il motivo della crisi di Giulia con il proprio compagno. Il vero motivo della crisi relazionale andava cercato da qualche altra parte. Forse, proprio dove lei non voleva guardare.

SEGRETO n. 5: i problemi non scelgono le persone, ma spesso sono le persone che si creano molti dei problemi della propria vita.

Ho lavorato con Giulia tre mesi e la prima cosa che ho fatto è stata quella di farle capire che Andrea non era il vero motivo della crisi del suo rapporto. Ricordo che nel nostro primo incontro la lasciai parlare per almeno un paio d'ore. Non ero solito fare così, ma lei aveva un estremo bisogno di qualcuno che la ascoltasse e mi raccontò un po' tutta la propria vita. Poi, prima della fine della sessione, le posi una domanda molto particolare: «Supponi che stasera, quando tornerai a casa, Andrea se ne sia andata e tu possa restare in intimità con il tuo compagno. Credi che questo possa migliorare il tuo attuale rapporto?»

Mi rispose subito con enfasi: «Ma certo che sì! Ne sono assolutamente certa!» Io le chiesi di evitare di darmi la risposta così, su due piedi, e le suggerii di pensarci bene per tutta la successiva settimana: quando sarebbe tornata, mi avrebbe raccontato le proprie sensazioni.

Devo ammettere che quel giorno se ne andò non troppo convinta e che la settimana dopo non la sentii proprio. Passarono più di due settimane e temevo che Giulia, non essendo rimasta soddisfatta della sessione di coaching, avesse deciso di non venire più. Invece, con mia sorpresa, alla fine della terza settimana mi chiamò al telefono e fissammo un nuovo appuntamento per il lunedì successivo. Arrivò da me di buon mattino. Credo fossero le 8,30 e, tenendo conto che abitava lontano, ad almeno un paio di centinaia di chilometri da Marina di Carrara, presumo che si fosse alzata almeno alle 5. Segno che aveva una gran voglia di mettermi a conoscenza di qualcosa di nuovo… qualcosa che la turbava.

Era molto amareggiata e la prima cosa che mi disse fu: «Non ci avevo pensato…» «A cosa non hai pensato?», chiesi io. «Non avevo pensato al fatto che, pur non essendoci più Andrea in casa, le cose potessero andare nel solito modo con Claudio (*il suo compagno più giovane*, n.d.A.), ma anzi, peggiorare».

Poi, tenendo la testa bassa e con una mezza lacrima sul viso, mi raccontò che cosa era successo in quell'ultima settimana: «Giovedì e venerdì della scorsa settimana Andrea è andata due giorni dai suoi nonni e io ho avuto modo di restare da sola con Claudio. Il giovedì sera lui esce sempre a cena con i suoi amici ma io credevo che, non essendoci Andrea, potessimo fare una cenetta intima a casa, noi due soli. Ma la mia contentezza è durata solo un attimo: invece di stare con me, lui è andato ugualmente fuori con gli amici. Anzi, solitamente rientra verso mezzanotte... l'altra sera è rientrato alle due passate. Ero così delusa! Avrei voluto lasciarlo fuori di casa.»

«Quindi» insistetti io «a che cosa non avevi pensato?» «Al fatto che potesse restare tutto come prima. Non ci avevo pensato...» «O, forse, non volevi pensarci», le dissi a quel punto. Mi guardò con i suoi occhioni azzurri, fece un sorriso un po' forzato, chinò leggermente la testa verso il basso e disse semplicemente: «Già...»

Una banale domanda aveva finalmente aperto gli occhi di Giulia, facendole capire che il vero motivo della crisi con Claudio non era la presenza in casa di sua figlia Andrea, bensì il rapporto ormai logoro con lo stesso Claudio. Il vero motivo lo aveva davanti agli occhi chissà da quanto tempo, anche se lei (come fanno molte altre donne: ti ricordi di Claudia e di Alida?) cercava una ragione diversa, forse, proprio per farsene una ragione.

A dire la verità, la figlia maggiore una mezza pulce nell'orecchio aveva provato più volte a mettergliela, ma Giulia sembrava non voler sentire nulla. Era come se fosse preda di un incantesimo. Dalle mie parti si dice che «non c'è peggior sordo di chi non vuol sentire».

Ad ogni modo, Giulia aveva fatto un gran passo avanti, anche se il problema era ben lontano dall'essere risolto: aveva finalmente trovato il *vero* motivo della propria insoddisfazione e adesso doveva impegnarsi a risolverlo con tutte le proprie forze.

SEGRETO n. 6: prima di colpevolizzare gli altri dei tuoi problemi, cerca il vero motivo della tua insoddisfazione. Molto spesso ce l'hai davanti agli occhi e non vuoi vederlo.

Quel giorno mandai a casa Giulia con un compito: acquistare un normale diario e cominciare a scrivere le proprie sensazioni quotidiane. Le chiesi di scrivere sul diario ogni giorno a fine serata, per almeno quindici giorni, sia le cose belle sia quelle brutte passate con Claudio. Una sorta di diario degli avvenimenti di vita di coppia della giornata, da aggiornare scrupolosamente ogni giorno.

Dopo quindici giorni Giulia tornò e mi lesse il diario. Lo fece con l'aria di chi si era resa conto di essere stata ferita e ingannata per tutto il tempo. Il tono della voce era basso e raramente alzava lo sguardo. Quello che era solo un timore, si era rivelato una bruttissima verità: le cose belle e positive passate nella vita quotidiana con Claudio erano poche, quasi rare, mentre purtroppo non vi era data sul diario in cui lei non fosse stata costretta a segnare qualcosa di brutto: una delusione, un litigio, alcune brutte parole di Claudio, una promessa mancata, una dimenticanza, un ritardo, un rifiuto sessuale ecc.

Il diario aveva drasticamente evidenziato come il loro rapporto fosse ormai logoro e giunto al capolinea. Giulia non ne avrebbe mai avuto la consapevolezza definitiva se non avesse messo per iscritto le proprie sensazioni quotidiane. Se non avesse messo nero su bianco gli avvenimenti che contraddistinguevano la sua vita di coppia e che, purtroppo per lei, erano pessimi e quasi sempre negativi.

Giulia acquisì la propria prima consapevolezza: i problemi che aveva con Claudio non avvenivano per colpa di Andrea, bensì sua. Infatti, era stata lei a permettere a Claudio di comportarsi in quel modo. La sua paura di non farcela da sola, unita al suo bisogno di avere accanto un uomo forte, non le avevano permesso di capire bene chi fosse quell'uomo. Forte sì, ma anche *approfittatore* e *parassita* (furono le sue testuali parole). A quel punto le posi un'altra domanda: «Supponi che oggi Claudio non faccia più parte della tua vita. Riusciresti ad andare avanti da sola? Ed eventualmente: a chi potresti chiedere un aiuto momentaneo per superare meglio il distacco?»

Fece passare poco più di una decina di giorni e poi tornò a trovarmi. Questa volta era una Giulia ben diversa rispetto all'ultima volta che era venuta. Sorrideva, era allegra ed era bellissima nel suo tailleur gessato con pantalone, tipico da donna manager. Per prima cosa mi disse che anche in azienda le cose andavano decisamente meglio. Tutti si erano accorti che era, a dir poco, *rinata*, e sua figlia Alessia per prima. Mi fece vedere il diario e notai che alla prima parte della domanda aveva risposto, in caratteri cubitali: «ASSOLUTAMENTE SÌ!» Alla seconda domanda, aveva messo un lista di almeno una decina di nomi, e tra i primi spiccavano quelli di Alessia e Andrea, le sue due figlie.

Dopo poco più di due mesi e mezzo e sole quattro sessioni di coaching, Giulia aveva dato una svolta significativa alla propria vita. Aveva capito il suo vero problema e, soprattutto, aveva smesso di colpevolizzare gli altri (in maniera particolare Andrea) e di lamentarsi sempre, senza fare alcunché. Adesso doveva fare l'ultimo passo: capire chi fosse e che cosa volesse da questa vita meravigliosa.

Le chiesi allora di definire *chi fosse* e *che cosa volesse* per iscritto. Di dettagliare il più possibile questi due passaggi e di prendersi almeno due settimane di tempo per farlo. Giulia rispose alle mie richieste scrivendo qualcosa come ben tredici pagine di diario! Descrisse nei minimi dettagli *chi fosse Giulia e che cosa volesse dai suoi prossimi cinquant'anni* (scrisse proprio così!). In quelle pagine non c'era traccia di Claudio che, nei successivi due mesi, uscii completamente dalla vita di Giulia. Le chiesi di fare un'ultima cosa: sviluppare un piano di azioni in cinque punti.

Scrivere cinque cose che avrebbe potuto fare nei successivi tre/quattro mesi per dare una svolta significativa e positiva alla propria vita.

Era un martedì pomeriggio quando venne da me per la quinta e ultima sessione di coaching. Erano passati poco più di tre mesi dalla prima volta. Giulia mi sorprese in positivo perché il suo piano strategico era molto più dettagliato di quanto potessi immaginare e le azioni erano descritte nei minimi particolari. Per la prima volta nella propria vita aveva messo per iscritto le azioni che avrebbe compiuto nei successivi tre mesi. I cinque punti descritti da Giulia erano questi:

1. riprendersi la propria libertà e allontanare per sempre Claudio dalla propria vita;

2. farsi subito una vacanza di una settimana in Egitto, il sogno della sua vita al quale aveva sempre rinunciato per gli altri (prima il suo ex defunto marito, e in seguito Claudio);

3. al rientro dall'Egitto, iscriversi in palestra per rimettersi in forma per l'estate (l'aveva lasciata su richiesta del suo ex compagno, probabilmente geloso del fatto che lei fosse una

bella donna e frequentasse ambienti in cui potesse essere notata);

4. assumere Andrea come magazziniera nell'azienda, in modo che la ragazza da una parte fosse aiutata (e non si sentisse abbandonata dalla madre) e dall'altra cominciasse a essere maggiormente responsabile della propria vita;

5. mettersi a studiare l'inglese, perché amava viaggiare e voleva ricominciare a farlo. Negli ultimi quattro anni (da quando aveva conosciuto Claudio) Giulia era rimasta imprigionata nella propria pigrizia e non era più riuscita a fare neppure un viaggio di soli due giorni.

SEGRETO n. 7: sforzati di capire chi sei e cosa vuoi fare nella tua vita. Anche se hai più di quarant'anni o forse cinquanta, non è mai troppo tardi. Come ha fatto Giulia, scoprilo anche tu. Fallo ora!

Analisi della strategia di Giulia in 5 passi

Adesso stai bene attenta e ripercorriamo insieme la strategia in 5 passi che ha aiutato Giulia a riprendersi definitivamente la propria vita (e che probabilmente aiuterà anche te a risolvere dei problemi). Giulia:

1. ha messo in discussione quello che pensava fosse il problema principale e ha scoperto che non era il vero problema;

2. ha cercato e trovato il vero motivo della propria insoddisfazione: il rapporto ormai logoro con il suo attuale compagno;

3. ha definito nei minimi particolari chi fosse e che cosa volesse, disegnando un quadro perfetto;

4. ha messo per iscritto le cinque azioni che avrebbe potuto svolgere nei tre mesi seguenti per riappropriarsi della propria vita;

5. ha agito... la cosa più importante di tutte e che ha reso possibile il cambiamento.

Ti ho raccontato le storie di Carla, Alida e Giulia perché sono emblematiche. Molte donne che ho incontrato e che hanno poi lavorato con me hanno esordito raccontandomi un problema iniziale che poi, in seguito, non si è dimostrato essere il loro vero problema da risolvere. Questo atteggiamento è tipicamente femminile e si manifesta soprattutto quando una donna è "accecata" dall'amore e non vede più in là del proprio naso. Quando c'è di mezzo l'amore, la donna difficilmente riesce a essere obiettiva e a vedere le cose che le accadono intorno. Com'è successo a Carla, Alida e Giulia, potrebbe succedere anche a te e potresti scambiare facilmente un problema con un altro.

Impara a non dare mai nulla per scontato. Fai un passo indietro e chiediti ad alta voce: «Ma il motivo di quello che mi sta accadendo è proprio questo?» Se non riesci a essere obiettiva, chiedi aiuto a qualcuno che conosci e che possa esprimere il proprio giudizio senza essere influenzato dagli eventi che ti stanno accadendo.

Se ciò non è possibile, cerca un buon personal mental coach nella tua città e rivolgiti a lui con fiducia. Ma, soprattutto, poniti la domanda e metti in pratica i 5 passi per avviare un cambiamento nella tua vita.

SEGRETO n. 8: fai un passo indietro e chiediti ad alta voce: «Ma il motivo di quello che mi sta accadendo è proprio

questo?» Datti una risposta e comincia ad agire, come ha fatto Giulia.

Esercizio

Adesso mettiti comoda, prenditi 30/40 minuti del tuo tempo e rispondi a queste tre domande. Scrivi tutto quello che ti passa per la testa, cerca di essere sincera nelle risposte ed evita di rimandare l'esercizio a domani. L'esperienza mi insegna che se lo rimandi oggi finirai per rimandarlo in continuazione, con la scusa che non troverai mai del tempo libero per farlo.

1. Qual è il problema che in questo momento ti affligge? Descrivilo in maniera dettagliata.

2. Adesso, supponi di aver risolto il tuo problema, qui, ora, in questo momento. Poniti la domanda: «Avendo risolto il mio problema adesso, sono tranquilla e soddisfatta?»

3. Se hai risposto di sì, e cioè che sei più tranquilla e soddisfatta, è molto probabile che esso sia il vero problema. Quindi, devi darti da fare per risolverlo. Se invece hai ancora dei dubbi o comunque *senti* dentro di te che tranquillità e soddisfazione non sono poi così forti, allora continua a cercare.

Fai questa verifica: è molto probabile che il tuo problema abbia a che fare con qualcuno. Chiedi a questa persona di rispondere alla domanda del punto 1 e poi confronta la sua risposta con la tua: sono identiche? Diverse? In cosa sono diverse? Cosa hanno in comune? Ecc.

Se non ti è possibile chiedere direttamente a questa persona di rispondere alla domanda, eccoti altri due utili suggerimenti per avere una "visione diversa".

1. Fai il gioco delle due sedie: poniti la domanda al punto 1 sedendoti in una sedia e rimanendo te stessa. Dai la risposta e scrivila. Adesso siediti nell'altra sedia. Prima di porti la domanda e dare la risposta rilassati un minuto e cerca di metterti nei panni dell'altra persona. Pensa come l'altro, ragiona come l'altro, mettiti nei suoi panni e vedi le cose dal suo punto di vista. Fatto? Adesso poniti la domanda e datti la risposta. È identica o si differenzia in qualcosa? Se è identica, hai una conferma alla tua risposta, se si differenzia in qualcosa, ti consiglio di cercare meglio (è molto probabile che il tuo inconscio ti abbia espresso un dubbio).

2. Prendi due/tre persone intorno a te di cui ti fidi, e racconta loro, in sede separata, la risposta che hai dato alla domanda al punto 1. Chiedi se secondo loro è la risposta giusta. Le persone che ti stanno vicino ti conoscono e possono essere più "oneste" di te nel darti la risposta. Confronta tutte le risposte che hai avuto: sono identiche? Sono diverse? In cosa sono diverse? In cosa identiche?

Il solo fare l'esercizio ti permetterà di avere un'apertura mentale maggiore, fuori dal comune. Il solo fare l'esercizio ti permetterà di metterti in discussione, senza più dare le cose per scontate. Il solo fare l'esercizio ti permetterà di vedere delle cose che prima, forse, non volevi vedere.

RIEPILOGO DEL GIORNO 1:

- SEGRETO n. 1: impara a metterti in discussione e a cercare il vero motivo della tua crisi. Cercalo proprio laddove non andresti mai a cercarlo. Cercalo nei posti più impensabili.

- SEGRETO n. 2: le donne entrano in crisi tra i trenta e i cinquant'anni. In questa fascia di età sono paradossalmente più deboli e indifese.

- SEGRETO n. 3: prendi coraggio e affronta le tue paure e i tuoi timori. Spesso sono più deboli e più facili da sconfiggere di quanto tu possa pensare. Devi solo provarci.

- SEGRETO n. 4: ogni tanto mettiti in discussione e prova a pensare se il problema dei tuoi problemi non sia in realtà te stessa.

- SEGRETO n. 5: i problemi non scelgono le persone, ma spesso sono le persone che si creano molti dei problemi della propria vita.

- SEGRETO n. 6: prima di colpevolizzare gli altri dei tuoi problemi, cerca il vero motivo della tua insoddisfazione. Molto spesso ce l'hai davanti agli occhi e non vuoi vederlo.

- SEGRETO n. 7: sforzati di capire chi sei e cosa vuoi fare nella tua vita. Anche se hai più di quarant'anni o forse cinquanta, non è mai troppo tardi. Come ha fatto Giulia, scoprilo anche tu. Fallo ora!

- SEGRETO n. 8: fai un passo indietro e chiediti ad alta voce: «Ma il motivo di quello che mi sta accadendo è proprio questo?» Datti una risposta e comincia ad agire, come ha fatto Giulia.

GIORNO 2:
Impara a volerti bene

Ti hanno mai posto la domanda: «Ma lei si vuole bene?»? Io la faccio sempre a tutte le persone che vengono a fare coaching con me, sia agli uomini sia, soprattutto, alle donne. Questo perché è risaputo che le donne hanno meno capacità di volersi bene e di accettarsi per quello che sono rispetto agli uomini. Gli uomini hanno mille problemi di natura diversa, e, per la mia esperienza personale, ho riscontrato più frequentemente scarsa autostima nelle donne. Pertanto, se decidi di venirmi a trovare, aspettati questa domanda da un momento all'altro.

Ma quanto è importante imparare a volersi bene? Sulla base delle mie esperienze: tanto. Anzi, oserei dire: **tutto**. Volersi bene aiuta a crescere, ad alimentare continuamente l'autostima e l'autostima è quel serbatoio di energia da cui tu, io e tutti noi attingiamo ogni giorno per fare le cose. Nel momento in cui il serbatoio è vuoto, o è comunque a un livello scarso, è logico che rinunciamo a fare molte delle cose che ci piacciono, semplicemente perché abbiamo paura del giudizio degli altri, giudizio che invece non ci mette assolutamente in difficoltà nel momento in cui abbiamo una sana e alta autostima.

Eppure, moltissime delle donne con cui ho lavorato *non si volevano bene* e avevano l'autostima sotto i tacchi. In molti casi belle, ricche e anche con una posizione sociale importante, ma con un'autostima di valore pari a 0 o poco più di 0. La classica dimostrazione che non servono i soldi, la bellezza e il potere per andare avanti nella vita, ma che bisogna avere l'energia giusta per alimentarci continuamente, e quell'energia ci è data da una sana autostima.

Su *Pensa Positivo*, il mio ebook motivazionale pubblicato sempre per la Bruno Editore da Giacomo Bruno – che ringrazio per l'amicizia e la fiducia che mi ha dimostrato – ho scritto un intero Giorno dedicato all'autostima e a quanto sia importante che un essere umano si piaccia e sappia accettarsi per quello che è. Nelle pagine che seguono trovi il mio Misuratore di Autostima: fai il test e verifica a quale livello è la tua. Ma prima di continuare, dobbiamo assolutamente porci una domanda: che cosa è l'autostima di una persona?

Da molti anni uso una metafora molto particolare per spiegare alle persone cosa sia l'autostima. Immagina di avere a tua disposizione una grande freccia con due punte. Adesso immagina di poter spingere verso l'alto la prima punta della tua freccia, di poterla attaccare a un generatore di cose belle e alimentarla continuamente di pensieri positivi, di esperienze piacevoli, di ricordi belli, di frasi motivanti, di entusiasmo, di passione, di sorrisi, di allegria ecc.

Mentre la tua freccia si ricarica e si alimenta continuamente, sale maestosamente verso l'alto, facendo crescere dentro di te l'autostima, e con l'autostima la voglia di fare, di sfidare il mondo, di buttarti in ogni cosa, di provarci. Potresti anche non riuscire, anche se una forza dentro di te ti dice: «Provaci lo stesso» e ti spinge lontano, verso l'alto. Adesso prova a immaginare il contrario, di non riuscire a spingere verso l'alto la punta della tua freccia. Immagina che essa incontri resistenza verso l'alto per magia, e che si spezzi la punta. Adesso immagina che la punta ancora buona, quella rivolta verso il basso, cominci a trovare un terreno argilloso, che frana letteralmente sotto i tuoi piedi.

E mentre tu cerchi disperatamente di rimanere a galla, la punta rivolta verso il basso viene inghiottita dalle sabbie mobili. Tu reagisci e ti dimeni, e più lo fai, più la tua punta scivola verso il basso. Cominci a perdere la fiducia in te stessa, a non credere più in quello che facevi, a pensare a cose negative che, immancabilmente, dopo un po' si avverano. E allora i dubbi e i pensieri negativi aumentano e alimentano continuamente la tua freccia, spingendola sempre più verso il baratro.

Mentre la tua freccia scivola verso il basso, scarica a terra tutta la tua energia, facendo in modo che l'autostima dentro di te scenda improvvisamente sotto terra. I dubbi crescono sempre di più, la voglia di fare sparisce, subentra l'apatia, la voglia di nasconderti, di arrenderti prima ancora di averci provato.

Adesso capisci quanto sia importante l'autostima per una persona? L'autostima è tutto. L'autostima è il tuo alimentatore universale per la vita. Però ha due poli: uno positivo e uno negativo. Funziona sempre, sia che ricarichi te stessa usando il polo positivo, sia che ricarichi te stessa usando quello negativo. Quindi, stai bene attenta a usare l'alimentatore: usalo bene, mi raccomando!

Non mi stancherò mai di ripetertelo: alimenta costantemente e continuamente la freccia che va verso l'alto. Alimentala con pensieri positivi, con frasi motivanti, con piccole azioni quotidiane volte a raggiungere i tuoi obiettivi, con sorrisi, con l'allegria, con l'entusiasmo che metti nel fare le cose, con piccole azioni volte a fare del bene ecc.

Ricorda: anche per te l'autostima è una *freccia che ognuno di noi segue*. La freccia può andare verso l'alto o verso il basso. Se va verso l'alto, la tua autostima cresce e si alimenta; se va verso il basso, la tua autostima cala e si alimenta lo stesso, sino a dissolversi nel nulla. Di sicuro tutti noi abbiamo la nostra personalissima freccia: anche tu.

26. AUTOSTIMA ALTA

13. *Autostima media*

0. AUTOSTIMA NULLA

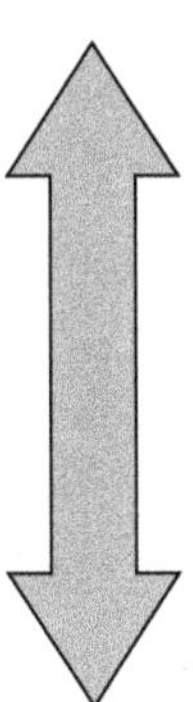

La freccia si muove attraverso una scala di valori, che può andare da un'autostima molto alta o comunque buona (valori tra 26 e 18), a un'autostima media (valori tra 17 e 10), sino a una molto bassa (valori tra 9 e 1). In alcuni casi si rasenta un'autostima quasi nulla (valore 0).

SEGRETO n. 9: volersi bene è fondamentale. Aiuta ad alimentare e far crescere l'autostima ogni giorno. E l'autostima è quel serbatoio di energia da cui puoi attingere per fare le cose.

Solitamente, chi ha un'autostima molto alta (evita però accuratamente di confonderla con la superbia) tende a eccellere nella vita. Eccoti alcune donne che avevano (e hanno) una sana autostima e che nella vita hanno raggiunto i propri obiettivi: Madre Teresa di Calcutta, Angela Merkel, Madonna, Sophia Loren, Emma Marcegaglia, Maria Rita Parsi, Alessandra Mussolini, Mina, Ornella Vanoni, Marta Marzotto, Raffaella Carrà, Isolde Kostner, Laura Pausini, Margaret Thatcher. Per citarne solo qualcuna, senza voler far torto alle molte altre donne munite di sana autostima. Per non parlare, poi, delle moltissime donne per nulla famose che si alzano tutte le mattine e che, sospinte dalla propria autostima, portano avanti il mondo: forse, ci sei dentro anche tu!

Una donna con un'autostima del genere è consapevole delle proprie capacità, pensa sicuramente in positivo, non ha paura di sbagliare e, soprattutto, crede in se stessa e in quello che fa. Di contro, chi ha un'autostima molto bassa è spesso convinta di non valere, di non avere opportunità. O peggio: di non meritarsele. Crede di essere una donna insignificante, di non interessare a nessuno. Questa donna, con scarsa fiducia nelle proprie capacità, finirà per vedere le cose in modo negativo e, quindi, per fallire con estrema facilità. Per la Legge di Attrazione di cui abbiamo già parlato è come se essa attirasse verso di sé tutte le cose negative che le accadono.

Il Misuratore di Autostima

Misura la tua attuale autostima. Rispondi alle tredici domande con molta onestà, sii sincera con te stessa. Pur essendo un gioco evita di barare, perché non servirebbe a nulla. Datti due punti se la risposta è *sì/sempre*, un punto se è *abbastanza* e zero punti se la risposta è *per niente/no*.

Le 13 domande

1. ti piaci per quello che sei?
2. sei soddisfatta della tua vita?
3. sei capace di apprezzarla per quello che è?
4. pensi che il riuscire, nella vita, dipenda da te?
5. metti grinta e determinazione nel fare le cose?
6. pensi in positivo?
7. credi in te stessa e in quello che fai?
8. sei costante nelle scelte e nelle decisioni che prendi?
9. ami stare in mezzo alla gente?
10. sei una persona che agisce nella vita?

11. hai fiducia nelle tue capacità?

12. hai fiducia nelle altre persone?

13. affronti i problemi quando ti si presentano davanti?

Risposte e risultati

- se hai totalizzato tra i 26 e i 18 punti la tua autostima è tra l'*ottimo* e il *buono*; continua a mantenerla a questi livelli e presto ti toglierai grandi soddisfazioni;

- se hai totalizzato tra i 17 ed i 10 punti la tua autostima è media; devi lavorare su di te per aumentarla, giorno dopo giorno, con costanza;

- se hai totalizzato da 9 a 0 punti la tua autostima è decisamente bassa, forse è proprio sotto i tacchi. Hai assoluto bisogno di cominciare subito a nutrire la tua mente di pensieri positivi e di lavorare su di te per aumentare la tua autostima e portarla a livelli accettabili.

Se fai questo gioco con onestà, riuscirai a capire quali sono le tue aree deboli e potrai intervenire su di loro, rafforzandole. Facciamo un esempio: se al termine dal test risulta che hai qualche problema nello stare in mezzo alla gente e non ami agire nella vita, e supponiamo che il tuo desiderio sia quello di cercare l'uomo della tua vita, è fuor di dubbio che se lo aspetti comodamente seduta sulla poltrona di casa tua, difficilmente lo troverai.

Il consiglio? Banale, anche se efficace: definisci le caratteristiche dell'uomo della tua vita. Chi è, che cosa fa, come deve essere, in quale ambiente potresti trovarlo ecc. Dopo che lo hai "dipinto" esattamente come lo vorresti, domandati dove potresti trovare un uomo con quelle caratteristiche, con quelle tipicità e poi comincia a cercarlo proprio in quei luoghi, in quegli ambienti in cui lo hai collocato.

Debbo essere onesto con te (soprattutto sei hai immaginato in Brad Pitt l'uomo della tua vita): forse non lo troverai mai, anche cominciando a frequentare i luoghi e gli ambienti in cui pensi possano esserci uomini con quelle caratteristiche. Ma è molto probabile che, pur non trovando l'uomo perfetto della tua vita, potresti trovarne altri che hanno in comune con lui molte delle caratteristiche che hai "dipinto". Magari l'uomo che incontrerai non le possederà tutte, bensì solamente qualcuna, ma sicuramente si avvicinerà all'ideale di uomo della tua vita.

Un esempio? Se cerchi un uomo muscoloso, con un bel corpo atletico, al quale piacciano il fitness e la palestra, mantenersi in forma e curare il proprio corpo... lo cercherai in biblioteca? Assolutamente no!

Sarebbe saggio da parte tua iscriverti in palestra, in un centro benessere, frequentare una piscina, oppure andare ad allenarti in un campo scuola: perché questi sono gli ambienti ideali in cui incontrare un uomo con quelle caratteristiche.

Esercizio

Per accrescere l'autostima o crearla da zero, ripetiti tutte le sere questo mantra prima di addormentarti. Abbi fede e ripetilo anche dopo una giornata decisamente da dimenticare. Ricordati che è importante ringraziare un'entità superiore (se credi) alla fine di ogni giornata. Naturalmente, se non credi, puoi agire come meglio credi e puoi persino ringraziare, come fanno molti, l'Universo.

L'ideale sarebbe di registrare il mantra con la tua voce in un file audio mp3 o su una cassettina, mettere l'auricolare nell'orecchio sinistro (che corrisponde all'emisfero destro), a volume minimo, quasi impercettibile, e addormentarsi con il mantra. Durante la notte il cervello lavorerà per te (gratuitamente) e queste informazioni si trasferiranno nella tua memoria e, soprattutto, nel tuo inconscio. Ascolta la registrazione per almeno ventuno giorni di seguito, poi fai una breve pausa di tre/quattro giorni, e ricomincia. Ricorda che, come in tutte le cose, per giungere a un risultato bisogna lavorare con costanza e ripetizione. Il tuo cervello ha bisogno di sentirsi ripetere, tutti i giorni, che può farcela e dopo un po', ti accadrà una cosa meravigliosa: comincerai a crederci, a sentir crescere dentro di te la fiducia. Meglio fare la registrazione del mantra almeno tre volte di seguito. Tra un mantra e l'altro, lascia qualche secondo di silenzio.

«Sto per addormentarmi, (*entità superiore*), e sono pienamente consapevole che durante la notte il mio inconscio lavorerà per me e mi aiuterà a far crescere la mia autostima. Mi piaccio per quello che sono e, con il tuo aiuto, riuscirò sempre più a migliorarmi, sino a diventare più sicura, più decisa e più ottimista. I miei pensieri sono positivi e il sonno mi renderà più consapevole delle mie capacità. Domani mattina mi aspetta un'altra bellissima giornata. Grazie per tutto ciò che di bello mi hai dato anche oggi. Grazie per tutto ciò che di bello vorrai darmi anche domani».

SEGRETO n. 10: puoi usare un mantra per lavorare sul tuo inconscio e ricaricare continuamente la tua autostima, anche quando dormi.

La storia vera di Mary

Un giorno di settembre dell'anno scorso mi chiamò Rosa, una cara amica, che avevo aiutato l'anno precedente a risolvere un piccolo problema di lavoro. L'avevo conosciuta lavorando per un mio cliente nel settore immobiliare, e all'epoca aveva il problema di "chiedere i soldi" alla persona per la quale lavorava.

Lui, il titolare, aveva la brutta abitudine di rimandare sempre il giorno del pagamento e Rosa, ogni volta che doveva chiedere lo stipendio (onestamente guadagnato) entrava in crisi e non riusciva a farlo. Con una mini-sessione di neppure un'ora risolsi il suo problema, modificandole per sempre le convinzioni; da quel giorno, Rosa mi è sempre stata riconoscente e non ha mai perso occasione per parlar bene di me.

Al telefono mi parlò di Mary, la proprietaria dell'azienda dove lavorava in quel periodo. Si era affezionata a quella donna, con la quale aveva un bellissimo rapporto, che andava oltre quello che c'è normalmente tra dipendente e titolare. Mi raccontò che Mary aveva bisogno di aiuto, di imparare a *credere maggiormente in se stessa* (usò proprio queste parole), e mi pregò di riceverla quanto prima perché aveva un problema urgente da risolvere. Il giorno dopo Rosa venne in studio con Mary, una donna gracile, bionda di capelli, dolce nei lineamenti e riservata, molto riservata, anche se gentilissima. Dimostrava sui quarantanove/cinquant'anni, anche se in seguito seppi che ne aveva quarantotto.

Rosa, la mia amica, mi abbracciò forte, dandomi un grosso bacio sulla guancia e mi ringraziò nuovamente per quello che l'estate prima avevo fatto per lei. Poi si sedette accanto a Mary e lasciò che lei, delicatamente e con modi gentili, mi raccontasse nei dettagli la propria storia.

All'epoca Mary aveva dei problemi con una dipendente, che tempo addietro le aveva fatto una causa di lavoro. Da lì a pochi giorni, Mary sarebbe dovuta comparire davanti al Giudice del Lavoro e non sapeva che pesci prendere, tanto era riservata e remissiva. Le chiesi che cosa volesse da me e lei, con un tono di voce basso e gentile, mi disse che avrebbe tanto voluto dirne quattro alla sua dipendente. E ciò non tanto per i soldi della causa di lavoro, quanto per il fatto che la dipendente, in tutti quegli anni, si era sempre approfittata della sua bontà e buona fede, e avrebbe voluto, almeno per una volta, dirle in faccia quello che pensava di lei. Guardarla negli occhi e dirle quanto fosse cattiva.

Ascoltai Mary con molta attenzione, poi la feci sedere nella mia poltrona marrone (una poltrona molto comoda che uso per far rilassare le persone e lavorare con loro attraverso le tecniche di PNL). Mary quasi ci si sprofondò. Poi, su mio invito, chiuse gli occhi e cominciò a rilassarsi. La pregai di continuare a tenere gli occhi chiusi e di rilassarsi tranquillamente; quindi le feci la seguente domanda: «Che cosa ti serve per affrontare al processo la tua dipendente?»

Lei rispose: «Grinta, avrei bisogno di molta grinta!» «Bene», dissi io. E aggiunsi: «Hai mai avuto grinta in vita tua? Cerca nel tuo passato anche più recente e dimmi se ricordi un episodio in cui sei stata piena di grinta.»

Sempre tenendo gli occhi chiusi, Mary si prese circa un paio di minuti prima di rispondere e poi disse con tono deciso: «Sì, quando ero ragazza. Ho un ricordo in cui ero decisamente grintosa!» «Ottimo», affermai, e aggiunsi: «Quello che è importante è che tu, in quel ricordo, abbia dimostrato di avere grinta a fare.» Muovendo la testa in avanti, Mary mi confermò che in quel ricordo di quando era ragazza era stata piena di grinta.

Le dissi: «Adesso fai una cosa per me: torna indietro nel tempo e vai a rivivere quel momento. Prenditi tutto il tempo di cui hai bisogno. Voglio che tu veda esattamente quello che vedevi allora, che tu senta esattamente le voci e i rumori che sentivi allora e che tu provi le stesse identiche sensazioni che provavi allora.»

Mary andò a rivivere un episodio di quando, da ragazza, aveva dimostrato di avere grinta da vendere; e quando nel ricordo toccò il massimo delle sensazioni collegate alla grinta, le feci un ancoraggio e collegai quelle sensazioni a un banale gesto della mano destra: le chiesi di stringere forte il suo pugno. Gesto che avevo precedentemente concordato con la stessa Mary e che per lei risultava facile da farsi.

Riprovai un paio di volte l'ancoraggio, e dopo aver verificato che funzionava e riportava Mary in uno stato d'animo pieno di grinta ogni volta che stringeva il pugno destro, le consigliai di rifare più volte l'esercizio da sola, a casa, per dare sempre più forza all'ancora. Poi, le dissi di usare l'ancora prima di entrare nella stanza del Giudice del Lavoro e di trovarsi di fronte alla sua ex dipendente, e di avere fiducia che avrebbe funzionato (ti insegnerò questo processo chiamato *ancoraggio* più avanti, in modo che anche tu possa *ancorare* dentro di te tutti gli stati d'animo positivi che ti servono). La sessione di coaching durò all'incirca due ore. Salutai Mary e le chiesi di tenermi aggiornato.

Due giorni dopo Mary andò all'incontro con l'ex dipendente, e prima di entrare nell'aula del Giudice del Lavoro accompagnata dal proprio avvocato, fece scattare l'ancora. Il giorno dopo ricevetti due sms, uno dalla mia amica, che mi diceva, in tono entusiastico che «Mary era riuscita, forse per la prima volta, a dire a una persona quello che pensava», l'altro dalla stessa Mary, che mi ringraziava di cuore per quello che avevo fatto per lei. Era una sfilza di ringraziamenti che non avevo mai letto così, tutti insieme, in una volta sola.

Per la prima volta nella propria vita Mary era riuscita a dire quello che pensava alla sua ex dipendente, e quel gesto, per Mary, valeva ben oltre la vittoria della causa di lavoro. Aveva un valore morale immenso e significava il primo passo verso una rinascita: la sua nuova vita. Quella che avrebbe scoperto, in seguito, di poter vivere.

SEGRETO n. 11: puoi rivivere tutti gli stati d'animo positivi e produttivi che vuoi (grinta, determinazione, coraggio, concentrazione, allegria ecc.) ancorandoli dentro di te con semplici gesti, suoni, immagini.

Ma, naturalmente, la storia di Mary non finisce qui. Passarono poco più di tre mesi e con l'anno nuovo, esattamente il 14 gennaio 2008, me la ritrovai insieme a Rosa a una delle mie conferenze gratuite sull'*Autostima e il Pensiero Positivo*. Partecipò ad almeno altre due/tre conferenze, poi prese coraggio e mi richiamò. Venne da me un pomeriggio tardi, e mi raccontò la sua storia di donna delusa e amareggiata dalla vita, coniugale e in generale. Nelle parole di Mary si capiva che non si amava, non si piaceva, non si voleva bene. Insomma: la sua autostima era sotto i tacchi.

Mary era da molti anni la proprietaria di una piccola azienda, lasciatale dal padre. Era una donna cresciuta troppo in fretta, con le uniche credenze del *dovere* e del *sacrificio*. Il padre le aveva trasmesso solo questo: il dovere verso il lavoro, gli impegni e la famiglia. Ma anziché fortificarla nello spirito e nel carattere, l'aveva indebolita ancor di più. Rendendola fragile, molto fragile. Mary non aveva la forza di reagire e subiva ogni giorno i piccoli e ripetuti soprusi del marito che lavorava con lei, e spesso anche delle sue dipendenti, che si approfittavano della bontà e della gentilezza che aveva.

Per caso Mary ti assomiglia? Ti senti coinvolta nel racconto e nella figura di Mary? Ci sono molte cose in comune con te? Allora stai tranquilla: come ci è riuscita lei, puoi imparare anche tu a volerti bene, a ricostruire la tua autostima e, naturalmente, a riappropriarti della tua vita.

A tutto ciò andava aggiunto che Mary aveva anche dei problemi di salute, accentuati negli ultimi anni semplicemente perché non si curava e non trovava mai del tempo per se stessa. Quel giorno Mary si era convinta a dare un cambiamento deciso alla propria vita. Una nuova impronta. Era consapevole che, se non avesse fatto qualcosa a breve, la sua vita non sarebbe mai cambiata in meglio; anzi: poteva solamente peggiorare.

Il semplice, anche se significativo, fatto che avesse trovato la forza di dirne quattro alla sua ex dipendente che si era approfittata della sua buona fede e della sua bontà le fece capire che il cambiamento era possibile molto più di quanto potesse pensare. L'autostima di Mary era a terra e cominciammo subito a lavorare per ricostruirla e cambiare i sistemi di alimentazione della stessa, spostandoli da quelli negativi a quelli positivi e motivanti.

Il mantra

La prima cosa che feci fu di crearle un mantra che doveva ripetersi tutte le sere prima di andare a letto e la mattina prima di alzarsi. Doveva ripeterlo anche nei momenti difficili della giornata, quando si sarebbe sentita a terra o priva di fiducia. Insomma: più volte lo avrebbe ripetuto e meglio sarebbe stato. Quello che segue è il mantra usato da Mary per ben novanta giorni di seguito.

Mantra di Mary: *Autostima e fiducia*

«Io mi piaccio e sono consapevole che la mia autostima cresce, giorno dopo giorno, goccia dopo goccia. Io mi amo e mi piaccio per quello che sono. Io sono forte e piena di fiducia in me stessa. **Io posso.**»

Puoi cambiare le parole e utilizzarlo anche per te stessa, se vuoi.

La lista delle cose che piacciono

Questa fu la seconda delle cose in ordine temporale che feci fare a Mary. Le chiesi di buttare giù un elenco di cinque cose belle che possedeva e che le piacevano, e di rileggersela tutte le mattine. Nell'elenco di Mary comparivano:

1. **sua figlia** (che adorava);
2. **sua madre** (anche se l'accusava di essere stata, almeno in parte, complice di un padre autoritario);
3. **il suo cane** (in realtà non ho mai capito se il suo, o quello di sua figlia, dato che anche questa ne aveva uno);
4. **andare in bicicletta** (amava fare lunghe passeggiate);
5. **fare i dolci** (era ed è bravissima: dopo averli assaggiati personalmente lo posso confermare senza essere smentito).

Possono sembrare cose banali, eppure, rileggerle tutte le mattine aiutò Mary ad acquisire la consapevolezza che anche lei aveva delle cose belle per cui combattere, per cui lottare ogni giorno. Ciò le fece capire che non era sola e che la vita non era poi così brutta, come pensava. Mary le rafforzò ogni giorno di più dentro di sé, e mentre lo faceva alimentava la propria autostima di pensieri positivi e di cose belle. Innescando un circolo virtuoso:

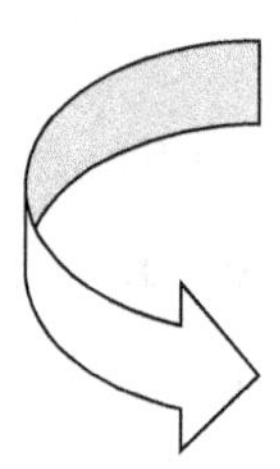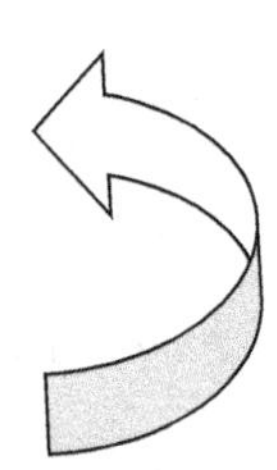

Pensare in positivo faceva crescere l'autostima di Mary, e mentre questa cresceva, alimentava il suo modo di pensare in positivo.

Tenere sotto controllo la propria malattia

La terza cosa che Mary avviò subito nella strategia improntata per riconquistare la propria vita fu quella di tenere sotto controllo e monitorare costantemente la malattia, che negli ultimi anni aveva pesantemente tralasciato. Mary soffriva di diabete e, di conseguenza, aveva dei problemi con la glicemia.

Non si ricordava neppure l'ultima volta che aveva fatto il controllo dello stick per l'insulina, ed erano mesi e mesi che doveva andare al controllo medico, che rimandava sempre con una scusa. Le prime settimane "obbligai" letteralmente Mary ad avvisarmi ogni giorno con un sms dopo che aveva fatto il controllo dell'insulina.

Tra le altre cose, aveva la brutta abitudine di mangiare in maniera veloce (complice anche il lavoro che faceva), quasi senza sedersi al tavolo e trascurando anche la qualità e l'abbinamento dei cibi. E questo era un problema in più per la sua malattia, visto che avrebbe invece dovuto mangiare in maniera più accurata. Ben presto Mary imparò a ritagliarsi il giusto tempo per pranzare seduta e con molta più attenzione anche verso quello che mangiava e, soprattutto, per come lo mangiava.

Un'ora al giorno per se stessa
Consigliai a Mary di prendersi ogni giorno almeno un'ora per se stessa. Doveva organizzarsi molto bene la giornata lavorativa in modo da avere sempre la possibilità di ricavarsi un'ora per se stessa. In quell'ora poteva fare qualsiasi cosa le passasse per la

testa: andare a passeggiare in bicicletta, correre con il proprio cane, andare dal parrucchiere, a fare shopping, scrivere ecc.

Qualsiasi cosa andava bene, purché piacesse a Mary e fosse fatta solamente per il suo bene A tale proposito le fu molto di aiuto riportare il tutto su un diario, in cui scriveva ogni giorno tutte le cose belle che aveva fatto. Aveva l'obbligo di andarsele a rileggere ogni tanto, in modo da rendersi conto di quante cose belle era in grado di fare ogni giorno. Il metterlo per iscritto le permise di poter documentare tutto il lavoro che stava facendo su se stessa, cosa che non avrebbe avuto lo stesso impatto emotivo se lo avesse tenuto solamente a mente. Invece le cose scritte rimangono, e lasciano traccia di sé.

Mary è stata bravissima, e pur con molta fatica è riuscita, piano piano, a riprendere in mano la propria vita. Oggi, dopo un percorso di circa otto mesi è in grado di fare cose che prima le erano sconosciute o che, comunque, non ricordava neppure di poter fare. Per esempio: rispondere a tono a suo marito o comandare incarichi e mansioni al suo personale (ai più queste possono sembrare cose banali; eppure, posso garantirti che per Mary erano impossibili da fare).

Oppure tenere sotto controllo i conti dell'azienda e le forniture di materiale che le arrivavano (anche in questo caso può sembrare strano, ma Mary non aveva il coraggio di controllare e, soprattutto, di controbattere i fornitori sui costi o sulle ore di lavoro del personale, finendo per *non controllare* alcunché ed accettando a scatola chiusa). Nella sua ultima sessione di coaching, Mary mi disse: «Finalmente ora faccio l'imprenditrice, cosa che non avveniva prima.»

Ma la sua autostima era cresciuta talmente tanto che non ne ha beneficiato solamente la *Mary imprenditrice,* bensì, e soprattutto, la *Mary donna.* Oggi Mary si sente una donna molto più sicura di sé e di quello che fa. È tornata a volersi bene, a piacersi per quello che è. Lo si nota dalle cose semplici come lo sguardo luminoso, dalla cura per la persona o da un particolare nell'abbigliamento. Si veste in maniera molto più accurata e ricercata.

La sua stessa malattia, pur senza attendersi dei miracolosi miglioramenti, è sotto controllo, anche se al riguardo sono certo che lei possa fare molto di più. Insomma, Mary è una donna rinata, lontana parente della Mary che venne la prima volta da me per acquisire la grinta giusta da sfoggiare con la sua ex dipendente nell'aula del Giudice.

Mary ha completato il proprio percorso di coaching proprio in questi giorni di festa. Proprio l'altro giorno, subito dopo le feste di Natale, l'ho rivista per una sessione di controllo: stava decisamente meglio, molto meglio. Come ho già detto, la sua malattia è sotto controllo, e anche gli esami vanno meglio. La sua pelle è più liscia e sembra ringiovanita rispetto alla prima volta che l'ho incontrata. Certo, non tutti i suoi problemi sono risolti, e qualcosa da sistemare c'è ancora, anche se mi ha raccontato di aver fatto e detto cose che probabilmente non sarebbe stata neppure capace di immaginare.

Mary ha finalmente imparato a volersi bene, a ritagliarsi tempo e spazio per se stessa. Mary è decisamente un'altra donna, di carattere. Finalmente capace di dire di no a suo marito e ai propri dipendenti. Sulla strada della consapevolezza che a cinquant'anni l'aspetta una seconda vita, pronta a regalarle cose meravigliose. Tutte quelle cose che, con molta franchezza, meritava di avere e di provare anche prima, perché in fondo, ora, oltre a essere buona d'animo, è diventata anche più grintosa e risoluta, rimanendo gentile con tutti e disponibile come poche.

Ho convenuto con lei che ormai è pronta per *camminare* con le proprie gambe, e che le basterà fare una sessione di controllo ogni quaranta/quarantacinque giorni. Naturalmente, Mary sa che può sempre contare su di me, in qualsiasi momento, anche se io sono pienamente convinto che ormai è capace di riprendersi la propria vita e di viverla nel migliore dei modi, per quella che io chiamo la *seconda giovinezza*.

Analisi della strategia di Mary in 5 passi

Dopo aver analizzato la strategia di Giulia, eccoti anche quella di Mary. Prendi le due strategie e mettile insieme, facendone un collage: è molto probabile che ne potrai estrapolare utili consigli anche per te e per i tuoi problemi.

Non è detto che devi usare tutti i passaggi usati da Giulia e tutti quelli usati da Mary. Come una sarta, devi imparare a prendere gli strumenti usati nelle storie che ti ho raccontato e "tagliare e cucire" i suggerimenti su misura per te, in funzione delle tue specifiche esigenze. Talvolta può bastare anche l'uso di un solo strumento, di una sola strategia: se applicata bene, spesso può migliorare significativamente una situazione problematica.

Quello che è comunque importante è che tu prenda consapevolezza che, come loro, anche tu puoi risolvere i tuoi problemi. Anche tu hai le stesse identiche possibilità: devi solo provarci. Eccoti la strategia in 5 passi che ha aiutato Mary a riprendersi definitivamente la propria vita:

1. Mary ha capito che la prima cosa che doveva fare era ricominciare a volersi bene, a ricostruire la propria autostima e alimentarla continuamente di cose belle e positive. Recitare il mantra tutti i giorni e sforzarsi di pensare in positivo sono stati gli strumenti operativi che hanno aiutato Mary a superare i momenti difficili.

2. La lista che aveva messo per iscritto le ha permesso di scoprire che in realtà possedeva molte più cose belle di

quante potesse mai immaginare. Era convinta che la propria vita fosse vuota, che non vi fosse nulla di bello. Invece, mettendole per iscritto, prima le ha focalizzate e poi se ne è resa consapevole, e infine le ha rafforzate dentro di sé.

3. Prendersi nuovamente cura di se stessa è stato determinante, sia per tenere sotto controllo la malattia, sia per tornare a piacersi, a volersi bene. I Romani erano molto saggi, dicevano: «Mente sana in corpo sano». Riprendendo il controllo del proprio corpo, Mary ha ripreso anche il controllo della propria mente.

4. Nel momento in cui si è ritagliata del tempo da dedicare esclusivamente a se stessa è come se avesse riconosciuto che anche lei meritava di star bene, di possedere qualcosa di bello, di meritare di più. Ha così potuto riscoprire che era ancora una donna piacente, con degli interessi, con dei valori, con dei motivi per andare avanti.

5. Anche lei, come Giulia, ha agito. In tutte e due le strategie che ti ho illustrato la cosa più importante di tutte è sempre il quinto step: l'**azione**. Il famoso *quinto elemento*, quello che ha reso possibile il cambiamento prima in Giulia, poi in Mary e che, credimi, lo farà anche con te.

Credo che il lavoro fatto con Mary sia stato uno dei migliori della mia carriera. Sono veramente orgoglioso e, naturalmente, felice di averla aiutata a recuperare la propria vita. Da parte sua, Mary non si stanca mai di ringraziarmi e oltre alle parole – dettemi a voce e scritte con gli sms – lo ha già fatto più di una volta in una maniera che potrei definire *pratica*, presentandomi più di una sua amica con problemi di autostima. Nel mio lavoro, almeno così è per me, vedere una persona tornare a sorridere o ascoltare un suo «Grazie» vale molto più di tutto l'oro del mondo. Sono grato al Signore per la capacità che mi ha dato di poter ascoltare e capire le persone. È bello poter aiutare gli altri, è gratificante vedere il loro sorriso.

Ad ogni modo, voglio rafforzare un concetto in te che stai leggendo questo ebook: probabilmente sei una donna, tra i trenta e cinquant'anni, con problemi di identità. Ebbene: sappi che anche tu puoi farcela, puoi risollevarti da terra e ricominciare a sperare in un domani migliore. Anche tu, come Carla, Alida, Giulia e Mary, puoi riprenderti la tua vita. Devi solo imparare a volerti bene. Non per quello che vorresti essere, bensì per quello che sei.

SEGRETO n. 12: se vuoi tornare a volerti bene, ad avere una buona autostima, evita gli effetti speciali e focalizzati su cose banali e pratiche come un mantra, una lista di cose belle, un semplice diario, prenderti un'ora tutta per te.

Esercizio

Il processo di ancoraggio

Immagina di essere in crisi d'identità, di non aver più voglia di fare niente, di non aver stimoli di alcun genere. Adesso immagina di poter accedere di nuovo, solo con dei semplici gesti, ai tuoi stati d'animo più produttivi, a quelli che ti servono in quello specifico momento, per risolvere quel determinato problema o, comunque, per stimolarti ad agire, a fare le cose.

Per esempio: la grinta quando serve, oppure il coraggio, la determinazione e, ancora, la voglia di fare. Tutti stati d'animo positivi che possono farti compiere dei passi da gigante sulla strada per riprenderti la tua vita. Adesso immagina qualcosa di pratico e possibile, come l'*ancoraggio*, uno degli strumenti più semplici e potenti che esistono in PNL (Programmazione Neuro-Linguistica) per selezionare gli stati d'animo interni e accedervi con una velocità sorprendente. *Ancorare* significa stabilire dei segnali per uno specifico stato desiderato. Questo che segue è il processo che devi fare.

1. Mettiti in un posto tranquillo, dove nessuno potrà disturbarti per i prossimi trenta minuti (una volta imparato il processo, lo farai in appena cinque minuti).

2. L'ideale sarebbe fare l'esercizio a coppie, magari tu con una tua amica: una guida e descrive, l'altra fa l'esercizio praticamente: poi vi invertite i ruoli e ricominciate. Nel caso ciò non fosse possibile, ti consiglio di registrarti su un file mp3 i vari passaggi, lasciando tra uno e l'altro un po' di pausa per darti la risposta.

3. Chiediti quale sia il problema che vuoi risolvere e identificalo in maniera chiara.

4. Chiediti quale risorsa/stato d'animo interiore ti serva per affrontare e/o risolvere quel determinato problema.

5. Prima di cominciare, stabilisci subito un gesto, un profumo, un colore, un'immagine, un suono, una voce (anche la tua) che ti ricordano quella sensazione che vuoi ancorare e che ti serviranno per fare il processo (per esempio: se voglio ancorare dentro di me la grinta, potrei immaginarmi un orso oppure un leone, oppure potrei vedere un cerchio di colore rosso – o meglio ancora: tutte e due le cose – e sentire la mia voce o quella di una determinata persona che mi dice: «Forza,

puoi farcela!» Inoltre, potrei incrociare le dita della mano destra, o fare qualsiasi altro gesto che sia facile da ricordare ecc.). Quello che è importante è definire, prima di cominciare, tutte e tre i tipi di ancora: visivo, auditivo e cinestesico.

6. Domandati quanto, da uno a dieci, quella risorsa non sia in quel preciso momento già dentro di te. Questo ti servirà per verificare se hai fatto bene il processo di ancoraggio e quindi per capire se la risorsa è cresciuta.

7. Rilassati profondamente per un paio di minuti circa. Rilassa tutti i muscoli del corpo e anche la mente, abbassa la respirazione, abbassa la tua tonalità.

8. Adesso richiama alla mente una qualsiasi esperienza passata in cui era presente quella risorsa. Ricordati di un qualsiasi momento in cui sei stata, per esempio, piena di *grinta* (se, naturalmente, cerchi la grinta); oppure di quando sei stata tranquilla, ottimista, concentrata, sicura ecc.

9. Quando il ricordo comincia a farsi vivo, voglio che tu veda quello che vedevi allora, che tu senta le voci, i suoni, i rumori che sentivi allora e che tu provi le stesse emozioni e sensazioni che sentivi allora. Vivi intensamente quei ricordi. Noterai che ci sono delle cose che sono più facili da ricordare

di altre (una persona visiva visualizza più facilmente di altri; una persona auditiva è molto più stimolata dai suoni e dalle parole; una persona cinestesica vive delle emozioni localizzate da qualche parte nel corpo, rivive le sensazioni legate al ricordo). Qualsiasi sensazione tu provi, stai tranquilla e sforzati di vedere, sentire e provare ciò che sentivi allora. Evita di arrenderti subito e continua a sforzarti.

10. Mano a mano che le sensazioni si materializzano, siano esse visive, auditive o cinestesiche (qualcuno potrebbe riuscire a rivivere tutte e tre le forme, qualcuno principalmente una delle tre: stai tranquilla, è assolutamente normale) prova a lavorarci sopra. Aumenta o diminuisci le sensazioni, una alla volta, sino a scoprire le sottomodalità critiche (quelle che ti fanno aumentare le sensazioni positive). Per esempio, comincia con le sottomodalità visive: se vedi davanti a te un'immagine, prova ad allontanarla o ad avvicinarla, a rimpicciolirla o ingrandirla, spostala a destra o a sinistra, falla diventare a colori o in bianco e nero e così via. Nota le differenze e segnati quelle che ti hanno fatto stare meglio, quelle cioè che hanno aumentato lo stato d'animo desiderato. Quando modifichi qualcosa che non migliora nulla, riporta

quella sensazione allo stato di partenza (per esempio: se ingrandendo la foto che ho davanti non succede alcunché o, addirittura, sto peggio, prima di fare altri tentativi riporto la foto alla misura di prima). Fai la stessa identica cosa con le sottomodalità auditive che senti: è una voce o una musica, è la tua voce o quella di un'altra persona, la senti a destra o sinistra, è alta o bassa, cosa dice ecc. Modificale e segnati i cambiamenti critici. Infine, fai lo stesso con le sottomodalità cinestesiche che provi: senti un peso sulla bocca dello stomaco oppure un formicolio nella mano destra, è un bruciore in tutto il corpo oppure un senso di leggerezza in testa, è qualcosa di pesante o di leggero ecc. Amplifica o diminuisci queste sensazioni. Puoi anche spostarle in altre parti del corpo o farle sparire. Come al solito, devi segnarti le sensazioni che cambiano facendoti stare meglio.

11. Adesso che hai identificato tutte le sottomodalità critiche che, ti ricordo, potrebbero essere per assurdo tutte visive, tutte auditive o tutte cinestesiche (da qui capiresti quale canale prevalente utilizzi), oppure, nella maggior parte dei casi, mescolate, rivivi ogni momento vedendo quello che vedevi allora, sentendo quello che sentivi allora e provando quello

che provavi allora, ed enfatizza al massimo tutte le sottomodalità critiche che hai precedentemente individuato. Fallo di seguito, passando dal processo visivo a quello auditivo a quello cinestesico. Cerca di raggiungere la massima intensità emotiva.

12. Quando le tue sottomodalità critiche ti hanno portato alla massima intensità emotiva di quello stato, ancora lo stato desiderato usando gli stessi elementi che avevi precedentemente selezionato: l'immagine, il colore, le parole, il profumo, il gesto ecc. Per esempio: al massimo della mia sensazione di grinta visualizzo l'orso davanti a me, magari lo faccio diventare rosso, sento le mie parole che mi dicono: «Forza, puoi farcela!» e incrocio le dita della mia mano destra. Più farai questo processo al culmine del tuo stato, più le ancore funzioneranno.

13. Esci dalla posizione di stato. Fai due passi e bevi un goccio d'acqua. Torna a rilassarti e prova subito a controllare il risultato. Vedi nuovamente l'orso, coloralo di rosso, ascolta la tua voce e incrocia le dita. Adesso dimmi quanto da 1 a 10 rivivi lo stato che desideravi. Se è aumentato anche solo di 1, vuol dire che il processo funziona e che tu devi solo

rafforzarlo. Se è peggiorato, vuol dire che hai sbagliato qualcosa nel processo e che quindi devi rifare tutto il procedimento dall'inizio, cercando di capire dov'è l'errore. Se non vi sono stati miglioramenti, stai tranquilla: talvolta capita (soprattutto ai meno esperti) che al primo processo di ancoraggio sia difficile migliorare subito il proprio stato.

14. Nel primo e nel terzo caso ripeti il processo di ancoraggio almeno 5/6 volte, ripartendo dal rivivere le sottomodalità critiche, enfatizzarle al massimo e ancorare nuovamente gli stimoli che hai scelto.

15. Nel secondo caso, devi rifare tutto il processo, individuando ancore migliori e, soprattutto, estraendo meglio le sottomodalità critiche.

16. Dopo aver ripetuto un processo di ancoraggio, ripetiti sempre la formula: da 1 a 10... e verifica il tuo stato in quel momento.

17. Dopo una decina di volte che fai il processo, prova le tue ancore e verifica se e quanto funzionano: vedi subito l'orso, coloralo di rosso, senti la tua voce e incrocia le dita. Che risultato hai?

18. Ripeti continuamente le fasi, anche nei giorni a venire, fino a quando non sarai in grado di accedere allo stato facilmente e in modo deciso. Sono certo che anche tu puoi farcela.

Puoi fare questo processo per ogni risorsa/stato che desideri. Naturalmente, cambiando le ancore ogni volta: immagini, colori, suoni, parole, gesti, profumi ecc. Oppure, puoi anche collegare più ancore insieme, vicine tra loro. Immagina di mettere una dietro l'altra risorse come la grinta, la determinazione, e anche il coraggio. E adesso immagina di attivarle tutte e tre toccandoti prima il polso sinistro, poi l'avambraccio sinistro e, ancora, il gomito sinistro. In modo che quando ne attivi una si possano attivare a sequenza, una dietro l'altra. In questo caso si chiamano *ancore concatenate* e sono potentissime.

Insomma: quando avrai costruito lo stato d'animo dentro di te, ti basterà ripassare il processo ogni tanto, per garantire alla tua mente la massima memorizzazione dello stesso e la capacità di poter attingere alle risorse più importanti per te. Devi solo esercitarti, e quando sarai diventata brava in questo processo farai come me, che entro nello stato desiderato ogni qualvolta mi serve.

Quando ho un problema, magari difficile da risolvere, prima di entrare in crisi mi chiedo qual è lo stato che mi potrebbe aiutare a trovare la soluzione a tal problema, lo identifico e, se l'ho già ancorato dentro di me, ripasso velocemente il procedimento e lo rivivo subito. Altrimenti, faccio il processo e ancoro un nuovo stato/risorsa.

Avendolo fatto prima di te, so che l'ostacolo maggiore che potrai trovare non risiede nel processo in se stesso (che, se ti eserciti con costanza, puoi tranquillamente imparare in poco tempo) bensì nel tuo convincimento o convinzione che lo stesso processo è strano e non può funzionare. Se ti farai prendere da questa convinzione prima ancora di "provare" praticamente il processo di ancoraggio, sono convinto che difficilmente potrai avere dei risultati.

SEGRETO n. 13: anche nel processo di ancoraggio è la tua mente a fare la differenza. Se ci credi funzionerà, se non ci credi non funzionerà. Tieni aperta la tua mente e provaci con fiducia.

RIEPILOGO DEL GIORNO 2:

- SEGRETO n. 9: volersi bene è fondamentale. Aiuta ad alimentare e far crescere l'autostima ogni giorno. E l'autostima è quel serbatoio di energia da cui puoi attingere per fare le cose.

- SEGRETO n. 10: puoi usare un mantra per lavorare sul tuo inconscio e ricaricare continuamente la tua autostima, anche quando dormi.

- SEGRETO n. 11: puoi rivivere tutti gli stati d'animo positivi e produttivi che vuoi (grinta, determinazione, coraggio, concentrazione, allegria ecc.), ancorandoli dentro di te con semplici gesti, suoni, immagini.

- SEGRETO n. 12: se vuoi tornare a volerti bene, ad avere una buona autostima, evita gli effetti speciali e focalizzati su cose banali e pratiche come un mantra, una lista di cose belle, un semplice diario, prenderti un'ora tutta per te.

- SEGRETO n. 13: anche nel processo di ancoraggio è la tua mente a fare la differenza. Se ci credi funzionerà, se non ci credi non funzionerà. Tieni aperta la tua mente e provaci con fiducia.

GIORNO 3:
Il diario

Il più famoso, cinematograficamente parlando, è senza dubbio *Il diario di Bridget Jones*, portato sullo schermo dalla bella e dolcissima Renée Zellweger. Quello più famoso in assoluto è forse quello di Anna Frank, la ragazzina ebrea vissuta ad Amsterdam durante l'occupazione nazista nella Seconda Guerra Mondiale.

Tra gli strumenti che adopero tantissimo per aiutare le donne a uscire dalle loro crisi c'è quello di scrivere un bel diario; gli uomini, invece, sono più restii a scrivere, a raccontarsi su carta. Le pagine di un diario possono raccontare la vita, le emozioni, i segreti, i fallimenti, i successi, gli amori e anche i dolori di una persona. Oggi si possono creare diari online, i cosiddetti *blog*, anche se, con molta franchezza, penso che siano poco adatti per lavorare sull'autostima o sulla motivazione delle singole persone: li vedo, infatti, più indicati come strumenti di comunicazione, capaci di raggiungere un numero enorme di persone via web. Molto più adatti per *comunicare* qualcosa agli altri, trasmettere le proprie emozioni, raccontare le proprie storie ed esperienze. Io stesso ho una decina di blog, tutti tematici e tutti comunicano qualcosa sul tema che ho scelto.

Il diario cartaceo, invece, ha il dono di essere personale, consultabile unicamente dalla persona che lo ha scritto (a meno che non sia la stessa persona a divulgarlo) e ha un potere terapeutico: posso mettere per iscritto le mie emozioni, i miei sentimenti, le cose che sto facendo (o che non sto facendo) e vedere i miglioramenti/peggioramenti giorno dopo giorno. Restano lì, sulla carta e sono indelebili, incancellabili. Ne posso prendere consapevolezza ogni giorno e non posso nasconderli per non vederli. Cosa che invece capita spesso quando cerchiamo di ricordare le cose solamente usando la nostra mente: spesso ce ne dimentichiamo o, paradossalmente, lo facciamo apposta per non ricordarci i vari doveri da compiere.

Come raccontano Renée e Jean Simonet nel loro splendido libro *Scrivere per ricordare* (vedi note bibliografiche a fine ebook) molti scrittori famosi hanno tenuto un diario: da Stendhal a Baudelaire, da Kafka a Pavese, tanto per citarne qualcuno. Nel loro libro, utilissimo per imparare a scrivere e prendere appunti in maniera intelligente e pubblicato in Italia nel lontano 1989, i due autori scrivevano che: «Il diario viene scritto per se stessi e non è destinato a essere letto da altri. Il diario può essere intimo, che rievoca la vita privata o personale o una sorta di giornale di bordo, che registra le varie attività.»

Secondo i due scrittori, tenere un diario corrisponde a riunire in un sistema, e per se stessi, i vari appunti. Sempre secondo loro, permette di:
1. provocare e valorizzare l'espressione personale;
2. determinare uno stile di scrittura con l'allenamento regolare;
3. prendere le distanze dal quotidiano e dall'evento particolare;
4. registrare e fissare su carta azioni, situazioni o riflessioni al fine di serbarne una traccia;
5. conoscersi meglio sviluppando, con l'autoanalisi la propria personalità;
6. ricordarsi del passato, rileggendolo a distanza di anni.

Il primo in assoluto a studiare la funzione e l'efficacia della scrittura come terapia è stato nei primi anni Novanta lo psicologo James W. Pennebaker, all'epoca direttore del Dipartimento di Psicologia dell'Università del Texas a Austin. Dunque, già nei primi anni Novanta si pensava che tenere un diario potesse favorire l'analisi personale e la produzione di idee personali. Ma se ciò ancora non bastasse, ecco che la rinomata e attendibile rivista *Mente&Cervello* nell'agosto del 2007 ha pubblicato un intero articolo di Massimo Barberi sul potere terapeutico del diario (vedi note bibliografiche a fine ebook).

Nell'articolo, che è una vera e propria ricerca minuziosa nei particolari (con tanto di intervista all'autorevole psicologo Luigi Solano, professore associato di Psicosomatica all'Università La Sapienza di Roma e autore e curatore del libro *Scrivere per pensare*) Barberi afferma che «Scrivere fa così bene al fisico e alla mente che mettere nero su bianco emozioni ed esperienze è considerata da molti una valida terapia.»

Insomma, pur non riuscendo ancora a trovare una sola spiegazione che metta d'accordo un po' tutti gli esperti, si può affermare che la terapia della scrittura è efficace, come del resto hanno dimostrato moltissimi studi. Come evidenzia lo stesso Barberi nell'articolo: «La tecnica della scrittura può avere effetti positivi sia sulla salute psicologica sia su quella fisica delle persone.»

SEGRETO n. 14: avere un diario ti renderà più consapevole delle cose che ti accadono ogni giorno. Ti aiuterà a capire meglio te stessa, a riordinare le tue idee.

Nel mio piccolo, uso la tecnica del diario ormai da quasi quattro anni, da quando lessi il libro bellissimo di James W. Pennebaker *Scrivi cosa ti dice il cuore* (vedi note bibliografiche a fine ebook). Piuttosto, ancora oggi, quando consiglio per la prima volta di scrivere, molte mi guardano storto e poi mi dicono: «Ma come? Io sono venuta per risolvere un mio problema e lei mi suggerisce di scrivere un diario?» «Sì!» rispondo io «Perché attraverso il diario lei prende consapevolezza degli sforzi fatti e, paradossalmente, risolve il problema.»

Inizialmente, quasi tutte hanno dei problemi a scriverlo e vengono sopraffatte da quella che viene definita dagli scrittori "la sindrome del foglio bianco". Poi, piano piano, cominciano a scrivere. Prima una riga, poi due, poi tre. Poi una mezza pagina, infine una pagina intera ogni giorno. Per passare poi, in molti casi, a scrivere più di una pagina ogni giorno. Una mia cliente, Luana, ha scritto qualcosa come tre diari. Secondo lei sono stati gli unici strumenti che le hanno permesso, dopo anni di strade diverse e molti soldi buttati via, di capire chi fosse e cosa volesse veramente dalla propria vita.

Come dicevo prima, la scrittura, oltre ad avere un potere spesso terapeutico (oltre alle importanti testimonianze di prima, molti psicologi che ho conosciuto mi hanno raccontato di consigliarla spesso alle proprie pazienti) ha anche la capacità di rendere consapevoli le persone, perché fa mettere loro per iscritto le cose che esse vivono ogni giorno e che spesso tendono a dimenticare o a mascherare. Invece queste cose sono lì, scritte su quella pagina di diario, e non possono essere cancellate. Il diario diventa per le donne un interlocutore affidabile, discreto, in grado di ascoltarle e di parlare con loro a qualsiasi ora del giorno e della notte. Una sorta di "amico del cuore" al quale raccontare tutti i segreti, belli e brutti.

A rafforzare il tutto, proprio l'altro giorno ho ritrovato e riletto un vecchio articolo della giornalista Roberta di Luise sulla rivista *Benefit* del febbraio 2004 (vedi note bibliografiche a fine ebook), un pezzo molto interessante che conferma la mia tesi sugli effetti terapeutici del diario. Nell'articolo si raccontava come, secondo la dottoressa Suzanne Scott del Dipartimento di Psicologia del King's College di Londra: «Scrivere un diario annotando le proprie esperienze personali è un ottimo modo di avviare una rapida convalescenza, dopo un intervento chirurgico o una ferita.»

In un esperimento condotto su trentasei pazienti volontari – proseguiva la giornalista – la dottoressa Scott ebbe modo di notare che mettere per iscritto qualcosa di stressante o che preoccupava la persona, aiutava a esorcizzare anche i dolori del corpo e a rimarginare le ferite in minor tempo. Era come se lo sfogo che passava attraverso la penna stimolasse positivamente il sistema immunitario e mantenesse il proprio effetto catartico per molto tempo. «Ciò significa che, attraverso semplici esercizi di scrittura, si potrebbero affrettare i tempi di convalescenza dei pazienti ospedalizzati», concludeva la psicologa.

Fantastica notizia! Aggiungo io. Unita a tutte le altre, va a creare un gruppo di casi di studio molto interessanti. Mi auguro, con tutto il cuore, che i nostri "esperti" della sanità pubblica ne siano a conoscenza, e che magari ne abbiano fatto esperienza.

Insomma: i vantaggi derivanti dall'annotare le cose e gli eventi della propria vita su un diario sono veramente tanti, anche se quelli che considero i più importanti sono questi quattro:

1. rende le persone consapevoli di quello che sta loro accadendo, perché le parole scritte costringono alla riflessione;

2. permette di mantenere un maggior controllo sugli avvenimenti emotivi della giornata, perché permette di poterli analizzare a sangue freddo e con un certo distacco il giorno seguente;

3. aiuta a riordinare le idee, perché queste possono essere trasferite dalla mente allo scritto ed essere ben visibili davanti a noi, costringendoci a pensare in modo chiaro e razionale;

4. aiuta a capire se stessi, perché è una sorta di specchio dove giorno dopo giorno possiamo vedere le nostre conquiste esistenziali.

SEGRETO n. 15: un diario costa poco e aiuta moltissimo; la sua valenza terapeutica è notoriamente riconosciuta da tutti, in primo luogo dalla psicologia.

La storia vera di Anna

Arrivò da me tre o quattro anni fa, dopo aver partecipato ad almeno due dei miei seminari motivazionali. Anna era una maestra elementare che amava profondamente il proprio lavoro, così come amava i bambini che aveva in classe. Credo che avesse una quarantina d'anni, forse uno in più che uno in meno. Voleva crescere e avere più autonomia, sia in classe nelle metodiche d'insegnamento, sia nella scelta della didattica e dei programmi in generale. All'epoca le classi elementari erano gestite congiuntamente da due insegnanti, dunque Anna collaborava con un'altra maestra come lei. Quest'altra (mi accorgo ora che Anna non mi disse mai il suo nome), pur essendo più giovane di età e anche di esperienza, aveva un paio di risorse che Anna non possedeva: grinta a volontà e faccia tosta.

Nelle varie riunioni con le altre insegnanti, Anna non aveva mai il coraggio di avanzare le proprie idee e le varie proposte sperimentali che le passavano per la mente, mentre la sua collega la sovrastava in tutto e prendeva sempre la parola e, con la parola, anche l'iniziativa. Anna si arrendeva sempre ai primi tentativi e non aveva la forza per "lottare" per le proprie idee. Idee che erano pure molto valide, ma che dovevano essere difese.

Invece, anche se la sua collega diceva cose che lei non approvava o che considerava poco interessanti da fare (per non dire poco utili e intelligenti per i bambini), Anna non aveva il coraggio di controbatterla e di far valere le proprie idee e finiva, inevitabilmente, per "subirla".

Risultato: Anna non riusciva mai a far approvare dal consiglio d'istituto qualcosa che le piacesse, mentre l'altra riusciva sempre a farsi approvare le idee e, spesso, non le comunicava neppure ad Anna e si limitava a fargliele trovare già fatte. Insomma, Anna doveva convivere con un bel tipo: poco competente ma esuberante, determinata, scaltra, invadente, arrogante, con una buona parlantina ecc. Esattamente l'opposto di lei, che era molto competente nel proprio lavoro, anche se gentile, riservata e timida. Riesci a immaginare come fosse ridotta Anna? Te lo dico io: uno "straccio".

Tu e io sappiamo bene che nella vita comune di oggi puoi essere la persona più competente di questo mondo, ma se non possiedi un minimo di visibilità e di capacità comunicativa sarà molto difficile che potrai far valere le tue competenze, le tue capacità. Ci sarà sicuramente qualcuno che, molto meno capace e competente di te, ti passerà avanti attraverso scorciatoie poco lecite, e ti farà le scarpe.

Proprio quello che era successo ad Anna. Ma lei non voleva capirlo e, soprattutto, accettarlo. Era convinta che bastassero le competenze per farsi strada nella vita. Ora, se questo è già di per sé difficile nel mondo del lavoro normale e nella vita quotidiana di ogni giorno, diventa pressappoco impossibile nell'ambito del lavoro pubblico.

Pur con tutto il rispetto per quanti lavorano nel settore pubblico con competenza e professionalità, mi dispiace doverlo sottolineare, ma quando lavori in questo settore a volte devi mettere in campo ben altre caratteristiche per avanzare e fare carriera. Questo, Anna faticava ad accettarlo. Ma nell'attesa che il ministro per la Pubblica Amministrazione e l'Innovazione metta un po' di ordine in questo mondo, questa è la verità.

Conosco moltissime persone capaci che lavorano in Comune o nei settori della pubblica amministrazione (ospedali, scuole, Provincia ecc.). Eppure, queste persone capaci e competenti non fanno carriera, non avanzano mai, semplicemente perché non sono allineate politicamente o perché non hanno ancora raggiunto gli anni di servizio. Viceversa, conosco altre persone della pubblica amministrazione che hanno fatto carriera politicamente o avanzando di ruolo solo con il raggiungimento dell'età, pur senza avere la benché minima capacità e competenza. Mi dispiace rimarcare ancora questo aspetto, ma è uno spaccato della società italiana e Anna non voleva assolutamente accettarlo.

Continuava a credere che quella persona più giovane di lei di esperienza, meno competente, meno capace e amorevole con i bambini, sarebbe stata "fermata" e si sarebbe ripristinata velocemente quel che lei chiamava *legalità*. Non era così che funzionava la scuola pubblica... anzi, è meglio parlare al presente: non è così che *funziona* la scuola. L'altra aveva appoggi, spinte e, soprattutto, faccia tosta a volontà. Anna subiva sempre, e niente cambiava.

Passò quasi un anno dalla prima volta in cui si era verificata quella situazione, ma in quella scuola, in quel consiglio d'istituto e in quella classe, nulla era cambiato e nulla sarebbe mai cambiato se a cambiare non fosse stata per prima Anna. Quando venne da me era disperata. Meditava persino di chiedere il trasferimento dall'istituto in cui lavorava. Non l'aveva ancora fatto unicamente perché quei bambini erano la sua vera ragione di vita. Ma era a pezzi e aveva ormai perso ogni speranza.

Le feci fare il test sull'autostima che hai trovato nel Giorno 2. Anna raggiunse un punteggio di 5: la sua autostima non era ancora sotto i tacchi, ma quasi. Aveva un assoluto bisogno di tornare a credere in se stessa, di riacquistare fiducia e di far crescere la propria autostima.

Il diario

Ricordo che la prima cosa che le feci fare fu proprio quella di scrivere un diario. Il pomeriggio in cui glielo consigliai mi guardò in modo strano e mi disse: «Un diario? No, non credo di poterlo fare» «Perché no?» chiesi io. «Ma perché non ho tempo e poi, un diario, a cosa mi serve?» rispose prontamente Anna. «Io» ribattei «sono convinto che il tempo puoi trovarlo, se naturalmente vuoi. In quanto a cosa ti serva, la risposta è semplice: a renderti più consapevole di tutte le cose belle che fai e, soprattutto, a farti capire quanto i bambini e le loro mamme ti vogliano bene.» Anna borbottò un po' e poi acconsentì a tenere il diario. Lo avrebbe acquistato lo stesso pomeriggio e cominciato già la sera stessa.

Anna non si amava molto, pensava che la propria vita fosse piatta e monotona, priva di cose e momenti belli. Addirittura, era convinta di valere poco rispetto alla sua "rivale" e la mia strategia era quella di farle vedere che in realtà non era così. Anzi, quei bambini l'adoravano e i loro genitori la consideravano la maestra più brava della scuola. Solo che Anna era troppo occupata a notare le cose brutte e negative per soffermarsi sulle cose belle.

Ma sapevo bene che le sole mie parole non sarebbero bastate e quindi facevo leva sul diario, che l'avrebbe costretta a prendere consapevolezza anche delle cose positive che giravano intorno a lei. E, con molta franchezza, erano più quelle positive di quelle negative, solo che Anna vedeva sempre il bicchiere... mezzo vuoto.

Cominciò ad annotare, giorno per giorno, le cose belle che aveva fatto a scuola con i bambini. Qualsiasi cosa andasse bene: un nuovo gioco, una recita, una lezione particolare, una visita, una gita, un complimento fattole dai bambini, oppure un complimento fatto dai loro genitori ecc. Cominciò quella stessa sera, perché proprio la mattina avevano proiettato in classe *Biancaneve e i Sette Nani*, e subito dopo fatto un gioco con tutti i bambini.

Il diario di Anna cresceva a vista d'occhio e ogni giorno si riempiva di cose belle fatte con i bambini. Posso garantirti che era diventato la sua fonte primaria di Energia (con la E maiuscola). Più il diario si riempiva, più Anna cominciava a rendersi conto delle tante cose belle che "giravano" intorno a lei, e ben presto focalizzò sempre meno la propria attenzione sulla rivale, ottenendone in cambio un grandissimo vantaggio: meno ci pensava, meno si arrabbiava.

Più scriveva e più si accorgeva che le cose belle che le accadevano erano decisamente tante, in maggioranza rispetto a quelle brutte. Più scriveva e più si accorgeva che il mondo intorno a lei era diverso, molto diverso da quello che aveva sempre pensato e immaginato.

Dopo un mese e mezzo che riempiva il proprio diario, Anna cominciava a essere sempre più consapevole di quanto i bambini le volessero bene, l'amassero come insegnante e di quanto lei fosse importante per loro. Gli scontri con la collega erano decisamente calati, forse non tanto perché erano venuti meno i motivi di attrito, bensì semplicemente perché Anna era troppo impegnata a prendere atto dei momenti belli passati con i bambini per prestare attenzione ai banali motivi di discussione con l'altra maestra.

Un giorno, mentre parlavamo dell'altra, la sentii dire: «Non mi interessa… l'importante è che io possa stare con i miei bambini.» Anna aveva finalmente capito che doveva smetterla di concentrare le proprie forze, le proprie energie sull'altra e, soprattutto, di pensare a cose negative.

Per la Legge di Attrazione di cui ti ho già parlato, ogni volta che ti concentri su qualcosa di brutto e di negativo, quelle forze tendono a ingigantirsi, poi tornano indietro e ti investono. Molto meglio pensare a cose positive, belle. Nel caso di Anna: molto meglio focalizzare tutta la sua attenzione e la sua energia sui momenti belli passati con i bambini. Del resto Anna non era sposata e quei piccoli erano come la sua famiglia.

Rifacemmo il test sull'autostima e questa volta totalizzò un bel 17. Certo, c'era ancora molto da lavorare, anche se Anna aveva appena compiuto il primo passo in avanti. La sua autostima cresceva ogni giorno di più. Poco alla volta, ma cresceva.

SEGRETO n. 16: annota ogni giorno qualcosa di bello nel tuo diario. Ben presto scoprirai che le cose belle che ti circondano sono maggiori rispetto a quelle negative.

Esercizio

Acquista un normale diario e comincia a scrivere, ogni giorno, almeno una cosa bella che ti accade o che hai intorno a te. Esegui questo processo in 7 step:

1. A fine serata prenditi venti/trenta minuti di tempo per te stessa, chiuditi in una stanza e comincia a scrivere.

2. Scrivi una cosa bella che ti è successa oggi. Descrivila nei minimi particolari, come se dovessi raccontarla a qualcuno. Adesso ringrazia Dio, o l'Universo, o un'entità superiore che scegli tu per la cosa bella che ti ha donato. Quando vai a letto, addormentati pensando a quella cosa.

3. Domani sera scrivi aggiungendo alla lista la nuova cosa bella che ti è accaduta o che hai incontrato. Rileggile entrambe ad alta voce e poi ringrazia nuovamente per quello che ti è stato donato. Quando vai a letto, addormentati pensando a entrambe le cose.

4. Dopodomani scrivi aggiungendo alla lista la terza cosa bella che ti è accaduta o che hai incontrato. Poi fai la solita cosa: rileggile tutte e tre ad alta voce e ringrazia nuovamente per

quello che ti è stato donato. Quando vai a letto, addormentati pensando a tutte e tre le cose.

5. Fai la stessa cosa per tutti e sette i giorni della settimana.

6. Arriva a fine settimana e "goditi" le sette cose belle che hai scritto. Prenditi tutto il tempo che ti serve per renderti conto delle cose belle che hai ricevuto e poi ringrazia ancora.

7. La settimana successiva ricomincia semplicemente da capo.

Impara a fare l'esercizio sempre, per tutte le settimane successive. Scoprirai che possiedi molto più di quanto tu possa pensare e che la vita è meravigliosamente bella.

Migliorare la capacità comunicativa e relazionale

Erano passati due mesi e l'autostima di Anna cresceva e lei stava decisamente meglio. Si curava di più, si piaceva, aveva riacquistato un po' di fiducia. Era arrivato il momento di cominciare a lavorare sulla sua parte comunicazionale e relazionale che, con molta onestà, lasciava molto a desiderare.

Anna "ascoltava poco gli altri", si arrabbiava facilmente e, essendo anche un po' timida, arrabbiandosi si chiudeva ancora di più in se stessa. I rapporti con le altre insegnati erano poco più che limitati al semplice «Buongiorno... buonasera». Solo con il vicepreside, mi raccontava, le cose andavano bene. Questi era un uomo buono di carattere e gentile e Anna si rispecchiava spesso in lui. Dunque, anche il suo modo di comunicare, di stare insieme agli altri andava migliorato: era come se avesse due metodi di comunicazione diversi:

1. uno, splendido ed efficace, con i bambini;
2. l'altro, maldestro e scarsamente efficace, con gli adulti.

Insomma, non meravigliava il fatto che Anna avesse una vita sociale limitata e non propriamente attiva. Forse era anche per quello se alla sua età, non aveva ancora trovato l'uomo giusto per lei. Probabilmente allontanava inconsciamente gli uomini. Personalmente, penso che chiunque dovrebbe sforzarsi a imparare a comunicare meglio, a rapportarsi meglio con gli altri. Specialmente tutti coloro che, come Anna, vivono e lavorano quotidianamente a contatto con le altre persone.

Anche Anna doveva imparare a comunicare meglio. Dedicammo alcune sessioni all'arte della comunicazione e, inoltre, partecipò anche a uno dei miei seminari per imparare a comunicare meglio, durante il quale le insegnai ad ascoltare attivamente le persone, entrare in *rapport* più facilmente e comunicare bene con gli altri.

Nelle pagine che seguono troverai gli stessi identici suggerimenti che diedi ad Anna. Suggerimenti banali, anche se però le hanno permesso di migliorare sensibilmente la sua capacità comunicativa e relazionale. Suggerimenti che spesso hanno fatto la differenza per le persone alle quali li ho insegnati. Io stesso, quando più di vent'anni fa li ho imparati, ho completamente migliorato il mio modo di comunicare e se hai già letto il mio ebook motivazionale *Penso Positivo* dovresti sapere che prima di partire per il militare ero letteralmente un orso. O, per dirla in maniera diretta… una persona incapace di comunicare.

Può sembrarti un paradosso: Giancarlo Fornei incapace di comunicare e di relazionarsi con gli altri? Sì! Per i primi diciannove anni della mia vita sono stato una persona molto riservata, con pochissimi amici, pochissimi amori, scarsa vita sociale. Poi ho cominciato a leggere e, soprattutto, a mettere in pratica quello che leggevo.

Molti dei suggerimenti che hanno cambiato in meglio la mia capacità comunicativa, quella di Anna e di molte altre persone, li ho messi per iscritto, in modo che tu possa leggerli e rileggerli in continuazione. Ogni qualvolta hai un dubbio, torna a rileggerli.

Cominciamo con una domanda: ma comunicare e farsi capire, è la stessa cosa? Assolutamente no! Uno degli assiomi più importanti della comunicazione recita testualmente: «Tutti possono comunicare, ma non tutti sanno farsi capire.»

Dunque, *comunicare* è una cosa, *farsi capire dagli altri* è tutta un'altra cosa. Sapessi quante sono le persone che sono convinte di comunicare bene e che poi si accorgono che gli altri non hanno capito alcunché di quanto hanno detto. Ad Anna succedeva spesso. Anche tu sei come Anna? Anche tu sei convinta di comunicare bene e di farti capire da tutti? Dammi retta: prima di rispondere leggi attentamente le pagine che seguono, assimila bene i concetti scritti e poi applicali ogni giorno.

SEGRETO n. 17: tu sei responsabile di quello che dici. Quindi, se le persone non ti capiscono la colpa è solamente tua. Migliora la tua comunicazione, migliorerai la tua vita.

Troppe volte diamo per scontato che ciò che diciamo sia stato capito da tutti. Troppe volte comunichiamo con la gente senza fare alcun tipo di sforzo per cercare di capire se l'altro ha capito. In base alle mie personali esperienze, più di ventidue anni passati come libero professionista a vendere me stesso e le mie competenze, ho scoperto che entrare in *rapport* con le altre persone è determinante (*rapport* è termine molto caro alla Programmazione Neuro-Linguistica, di cui ti racconterò qualcosa tra poco).

Entrare in *rapport*, dunque, ti permette non soltanto di spiegare chi sei e cosa vuoi ma anche, soprattutto, di capire e farti capire dalla gente. La tua capacità di entrare in *rapport* velocemente con gli altri sarà l'arma che farà la differenza, a parità di contenuti. Scoprirai che, oltre al sottile fascino femminile (che già possiedi o che, comunque, puoi sviluppare) puoi usare un'arma ancora più potente e incisiva, che ti aprirà moltissime porte.

Premetto che io non sono laureato e che per motivi di opportunità professionale dovetti darmi da fare studiando e imparando da autodidatta. Dal 1994 (l'anno della seconda svolta nella mia vita con l'incontro con la PNL) ho letto qualcosa come più di seicentotrenta libri. Ma i primi due, quelli che diedero alla mia vita la prima grande svolta, li acquistai subito dopo il servizio militare. Furono *Il venditore meraviglioso* di Frank Bettger, e *Come trattare gli altri e farseli amici* di Dale Carnegie. In seguito, a distanza di pochi anni, sarebbero arrivati *L'arte di comunicare* di Carlo Majello, *Le armi della persuasione* di Robert B. Cialdini e, infine, *Introduzione alla PNL* di Jerry Richardson (vedi note bibliografiche a fine ebook).

Se anche tu vuoi migliorare la capacità comunicativa e relazionale, ti consiglio di leggere tutti e cinque questi libri. Inoltre, se poi vorrai approfondire la PNL ti consiglio di leggere, oltre al libro di Richardson, il miglior ebook che trovi in circolazione, scritto da Giacomo Bruno: *PNL segreta*. Solo più avanti, dopo che avrai una base solida, ti invito a leggere i libri di Richard Bandler e John Grinder (un po' difficili per i principianti).

La Programmazione Neuro-Linguistica (PNL) è nata poco prima della metà degli anni Settanta all'Università di Santa Cruz, in California. Nasce come sintesi tra psicologia, linguistica e cibernetica. La PNL è una disciplina che indaga e studia i meccanismi che regolano il comportamento umano: è lo studio della struttura dell'esperienza soggettiva, ossia di come ogni persona percepisce e interpreta se stessa e il mondo che la circonda. Per usare parole ancora più semplici, potrei affermare che la PNL è la scienza dell'eccellenza personale, perché studia *come* alcune persone sono in grado di ottenere risultati straordinari.

I suoi fondatori, Richard Bandler e John Grinder, il primo studente di Matematica e il secondo professore di Linguistica all'Università di Santa Cruz, si posero una semplice domanda: «Che cosa scatta nel cervello delle persone che decidono di essere dei vincenti, e perché ciò non scatta invece negli altri?» Dedicarono gran parte del proprio tempo all'osservazione e al *modellamento* del lavoro di alcuni psicoterapeuti eccezionali come Frederick Perls (creatore del modello terapeutico della Gestalt), Virginia Satir (la psicoterapeuta creatrice della terapia familiare) e, in particolare, di un certo Milton Erickson (l'inventore della terapia ipnotica e considerato il più grande ipnoterapeuta del XX secolo), il cui lavoro appariva così sbalorditivo da suscitare negli altri forte emozione, incredulità e assoluta confusione. Dopo aver letto la storia di Erickson, molto particolare e travagliata, mi sono semplicemente innamorato del lavoro di questo genio dell'ipnosi e ho divorato tutti i suoi libri tradotti in italiano.

Dopo una lunga ricerca, Bandler e Grinder ebbero quella che si definisce una straordinaria intuizione: dietro al comportamento delle persone di successo, in altre parole di coloro che ottengono risultati nei propri specifici settori dell'esperienza umana, vi è qualcosa di simile. I due capirono, e poi dimostrarono, che quella sorta di "magia" che contraddistingueva questi grandi terapeuti in realtà aveva una propria struttura. Struttura che poteva essere riprodotta.

Questa ricerca fu poi arricchita dagli studi dell'antropologo Gregory Bateson e dei linguisti Alfred Korzybski e Noam Chomsky: altri grandi personaggi che hanno contraddistinto la storia della PNL. In seguito sarebbero arrivati anche i contributi di altri due importanti personaggi, diventati prima collaboratori e poi soci di Bandler: Robert Dilts e John La Valle.

Posso dire che i fondamenti della Programmazione Neuro-Linguistica si basano su questa importante affermazione: «Se esiste un solo individuo al mondo che riesce a fare una determinata cosa, anche tu puoi farla modellando la sua strategia personale che lo ha portato al successo».

Affermazione troppo forte? Ma la PNL, si è proposta e si propone di scoprire e usare proprio questa struttura: le regole che contrassegnano l'eccellenza umana. Per usare l'espressione del più grande motivatore al mondo, Anthony Robbins, la Programmazione Neuro-Linguistica studia «la differenza che fa la differenza». E se lo dice lui… E possiamo ricordare anche quanto diceva diceva Aristotele: «L'eccellenza non è un atto isolato, ma qualcosa che viene ripetuto sino a diventare abitudine inconscia.»

SEGRETO n. 18: la PNL è la tecnologia più potente e pragmatica nel campo della comunicazione umana. La PNL è pratica, non teoria. La PNL è uno stile di vita.

La parola *programmazione* significa che ciascun individuo interagisce con il mondo esterno attraverso dei "programmi mentali" che sono completamente diversi da persona a persona. Sequenze ordinate, e non casuali, di determinati processi neurologici, che hanno come conseguenza uno specifico comportamento. I comportamenti delle persone, dunque, sono riconducibili a dei veri e propri "programmi" di funzionamento, che possono essere analizzati e riprodotti. Ovvero: *modellati*.

La parola *neuro* sta a indicare che l'esperienza di ogni persona viene filtrata ed elaborata dal proprio sistema nervoso attraverso i cinque sensi: vista, udito, tatto, gusto, olfatto. In pratica, i processi neurologici sono alla base di ogni comportamento umano.

La parola *linguistica*, infine, ci ricorda che questi processi sono tradotti, cioè rappresentati ed espressi attraverso il linguaggio dell'essere umano, non solo *verbale* (le parole), ma anche *paraverbale* (*come* diciamo le parole) e *non verbale* (linguaggio del corpo). Più avanti ti spiegherò meglio questi aspetti della comunicazione, chiamati anche *Livelli della Comunicazione*.

Quindi, è evidente che percependo il mondo attraverso i cinque sensi, sia tu che io, percepiamo ed elaboriamo cose e informazioni in maniera completamente diversa. Ognuno di noi interpreta le cose che gli accadono attraverso una propria personalissima griglia multisensoriale. I presupposti della griglia sono identici per tutti i cinque sensi, ma è *come* la interpretiamo, *come* vediamo, sentiamo e percepiamo le cose che fa la differenza.

Tutti noi, ogni giorno, siamo inondati da informazioni e proposte. Migliaia di messaggi filtrano in noi e vengono digeriti, al principio, a livello inconscio. Agiamo automaticamente, per abitudine. Ogni essere umano, in base alle proprie esperienze di vita, segue degli schemi nelle risposte e nelle interazioni con gli altri. Questi schemi sono modi regolari e invariabili di agire, di fare delle cose e di rispondere. Questi schemi ci portano a quella che viene comunemente chiamata *Mappa del Mondo*.

Questo significa, semplicemente, che quando la tua gamma di comportamenti sarà più ampia di quella di un'altra persona (quando, cioè, conoscerai tantissime altre mappe), allora potrai controllare e dirigere facilmente ogni situazione, compresa quella di comunicare meglio con tutte le persone con cui entrerai in contatto. Jerry Richardson, nel suo splendido libro dice testualmente: «Quando usi la modalità percettiva di un'altra persona, questa ascolterà. Forse avrai bisogno di impegnarti e di fare un po' più di fatica all'inizio, ma sarai ripagato dello sforzo extra, poiché a lungo andare risparmierai tempo.»

Ti ho accennato queste cose per aiutarti a diventare consapevole degli schemi presenti in te stessa, che facilitano l'intesa con le persone con cui lavori e vivi, per poi influenzarle. Nonché permetterti di diventare più consapevole anche degli schemi comportamentali negli altri.

SEGRETO n. 19: cambiando la tua Mappa del Mondo, o adattandola alle altre persone, aumenti sensibilmente le tue scelte nei comportamenti.

I canali rappresentazionali delle persone.
Una delle prime frasi che ho sentito citare in PNL è stata: «La mappa non è il territorio». Ero già diventato bravo nel comunicare, ma ammetto che, dopo che sono diventato consapevole di questa

frase, la mia capacità comunicativa è letteralmente esplosa. La frase significa che noi traduciamo continuamente la realtà che ci circonda in rappresentazioni interne che costituiscono la nostra mappa soggettiva. Tale mappa è solamente nostra e non può essere anche quella di un'altra persona, perché essa, a sua volta, avrà tradotto le cose che la circondano in un'altra mappa e così via. Bada bene: fai la stessa cosa anche tu.

Tener conto esclusivamente delle sensazioni e delle interpretazioni della tua mappa può quindi limitarti sensibilmente, sia sotto il profilo comunicazionale sia sotto lo sviluppo personale. Il processo di costruzione della mappa inizia con le informazioni che raccogliamo attraverso i cinque sensi: tatto, udito, vista, olfatto e gusto.

Avrai capito che, per impegni di lavoro, io *vivo* molto l'universo femminile: spesso incontro donne che hanno anche il famoso *sesto senso*. Naturalmente, ciò non vuol dire che tutte le donne abbiano questa capacità percettiva, e che noi uomini ne siamo totalmente privi; solo che essa è molto più sviluppata in loro che negli uomini. David G. Myers, della Facoltà di Psicologia dell'Hope College, in un articolo bellissimo intitolato *Il mistero dell'intuito*, pubblicato su *Mente&Cervello* (ottobre 2007) riporta i risultati di una ricerca condotta nel 2000 presso l'Università La Sapienza di Roma (vedi note bibliografiche a fine ebook):

«L'intuito femminile non sarebbe affatto una leggenda. È stato infatti dimostrato che il corpo calloso del cervello femminile – ossia l'area del cervello che permette il trasferimento dei messaggi dall'emisfero sinistro al destro – è più spesso rispetto a quello maschile. Questa maggiore densità rende più fluida la comunicazione tra i due emisferi – il sinistro dedicato ai ragionamenti di tipo logico e sequenziale, il destro capace di portare avanti più operazioni mentali contemporaneamente – permettendo al ragionamento parallelo di raggiungere anche l'emisfero sinistro. Tutto ciò potrebbe essere responsabile di un più sviluppato intuito nelle donne, abituandole a non prendere decisioni solo sulla base del pensiero logico.»

Dunque è vero: voi donne avete una marcia in più di noi poveri uomini, e non mi riferisco solo al sesto senso. Lo conferma anche una ricerca della giornalista Nadia Accardi pubblicata su *Benefit* di dicembre 2003 (vedi note bibliografiche a fine ebook). Dalla ricerca emergevano alcune cose significative:

- il sesso debole è più longevo (la donna vive più a lungo degli uomini);

- le donne parlano e comunicano meglio; la superiorità linguistica delle donne si manifesta già alle scuole elementari;

- il cervello femminile possiede una quantità maggiore di sostanza grigia, che è costituita dalla cellula nervosa e dai suoi elementi di ricezione: i dendriti; sarebbe proprio questa conformazione cerebrale la responsabile della superiorità femminile nei compiti verbali;

- le donne sono più capaci nell'arte della diplomazia.

Naturalmente, avete anche i vostri lati negativi, ma noi uomini pensiamo erroneamente (almeno questo è il mio giudizio) di far girare il mondo e non ci rendiamo conto che, invece, il mondo gira solamente quando c'è condivisione d'intenti tra uomo e donna. Com'è quel detto? «Dietro a ogni grande uomo c'è sempre una grande donna, e viceversa».

Nella Programmazione Neuro-Linguistica i cinque sensi sono raggruppati in tre canali, ossia:

Canali percettivi

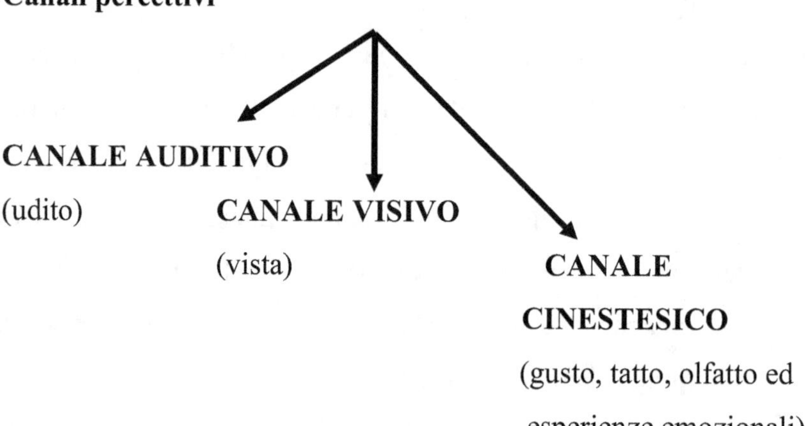

Attraverso i canali percettivi, sia tu che io, sia tutte le persone che conosci, "filtriamo" le informazioni che ci arrivano dall'esterno e costruiamo la nostra Mappa del Mondo. In ognuno di noi prevalgono uno o due specifici filtri rappresentazionali rispetto agli altri.

Secondo le nostre tendenze soggettive (tutte le esperienze dirette e indirette che abbiamo fatto nel corso della nostra vita), usiamo prevalentemente un canale, sia per organizzare i dati di elaborazione interna delle percezioni, sia nel comunicare con gli altri.

Un secondo canale è meno forte, mentre il terzo è spesso destinato (erroneamente) a sparire. Naturalmente, non è facile capire quale canale percettivo utilizza maggiormente il tuo interlocutore: ecco perché anche tu, come ho consigliato ad Anna, dovrai fare molta pratica. E, con la pratica, svilupperai capacità d'ascolto e buona volontà, sino a imparare a utilizzare lo stesso "linguaggio" rappresentazionale della persona che hai davanti.

Per esempio, se ripenso a qualcuna delle amiche che ho già ricordato nelle pagine precedenti, mi viene naturale collocare Alida tra le visive, Giulia tra le auditive e sia Mary sia Anna tra le cinestesiche.

- **La donna visiva** è una persona che usa soprattutto il senso della vista per percepire il mondo e basa principalmente le proprie decisioni sulle immagini che riceve. La visiva sta attenta ai particolari, cura i colori, la propria immagine.

Ricordi Alida? Estroversa (anche troppo), abbigliamento alla moda, grande attenzione per l'immagine ecc.

- **La donna auditiva** è una persona che usa soprattutto il senso dell'udito per percepire il mondo e che dipende dalle parole per le informazioni che ascolta e che decidono il suo comportamento. L'auditiva soppesa le parole e dà peso alla tonalità della voce. Ricordi Giulia? Grande attenzione alle parole del suo compagno (che la ferivano molto più delle stesse azioni). Quando era da me, mi ascoltava in silenzio, tu non potevi logicamente vederla, ma chinava la testa di lato quando mi ascoltava (tipico di una persona auditiva) ecc.

- **La donna cinestesica sensoriale** è una persona che procede attraverso le sue esperienze usando l'intuizione. Usa il sesto senso nel prendere decisioni spesso vitali. Percepisce il mondo attraverso ciò che sente "a pelle". La tonalità della voce è spesso bassa, lo sguardo chino, è una persona riservata e timida. Una cinestesica vive principalmente di emozioni. In questo caso, sia Mary sia Anna sono esempi calzanti. Per esempio: Mary amava cucinare dolci, la tonalità della voce era bassa ed era una persona molto riservata. Anna lavorava con i bambini (meglio dire: *giocava*) ed era altrettanto timida e riservata. Entrambe lavoravano moltissimo con le mani, tipico del cinestesico.

Ricorda che ognuno di noi sceglie e comunica sempre in funzione del proprio canale rappresentazionale dominante, anche se talvolta le persone possono usare contemporaneamente più di un canale. In PNL chiamiamo questo caso *sinestesia*, ovvero: il processo di sovrapposizione di più sistemi rappresentazionali. Ma a te, in questo momento, interessa poco. Interessa di più capire come riconoscere le persone che hai davanti.

Naturalmente, esistono molti altri elementi che manifestano i sistemi rappresentazionali utilizzati:

- i movimenti delle mani;
- la postura del corpo e il tono muscolare;
- i movimenti degli occhi;
- la respirazione;
- le caratteristiche della voce;
- i movimenti del capo;
- anche il linguaggio, la scelta delle parole è una fonte importante che fornisce indicazioni chiare.

SEGRETO n. 20: sforzati di capire chi hai davanti. Fallo sempre e ben presto, con la tua capacità comunicativa, posso garantirti che cresceranno anche la sicurezza in te stessa e l'autostima.

La calibrazione: osservare e ascoltare gli altri

Per migliorare la tua capacità comunicativa e relazionale adesso voglio che tu impari a *calibrare* qualcuno per cercare di capire quale sia il suo sistema rappresentazionale principale e usato in quel dato momento. Poi voglio che lo *ricalchi* per cercare di entrare in *rapport* velocemente e, infine, che l'*accompagni* per ottenere un risultato. Impara questo processo e avrai imparato a comunicare capendo gli altri; e, a tua volta, facendoti capire dalle persone.

L'esperienza di lavoro con tantissime altre donne mi insegna che, laddove è stata migliorata la capacità comunicativa e relazionale, paradossalmente è cresciuta anche l'autostima. Evita, per favore, di pensare di poter "manipolare" qualcuno con questo sistema. A parte il fatto che posso garantirti non è per nulla facile (forse ci potrebbero riuscire solo i più grandi esperti al mondo di PNL), il presupposto su cui si basa la PNL è diverso, molto diverso: cercare di entrare più facilmente e velocemente in empatia con le persone, cosa che noi chiamiamo in *rapport*.

Per esempio: immagina per un solo istante che cosa sarebbe stata capace di fare Anna se fosse stata da subito capace di entrare in empatia con l'altra insegnante e convincerla della bontà delle proprie idee. Hai provato a immaginare quali vantaggi avrebbe potuto avere? E secondo te, era capace di farlo? No, assolutamente no. Ecco perché subiva sempre l'altra persona e più avanti andava, più la sua autostima finiva sotto i tacchi. Come vedi, non si tratta di manipolare nessuno, bensì di avere degli strumenti adatti da usare a seconda della situazione e di chi ti trovi davanti. Se Anna li avesse avuti sin dall'inizio si sarebbe evitata moltissime delusioni, e la sua vita, almeno quella professionale, sarebbe scorsa in maniera solare e positiva.

Tornando alla calibrazione: usandola con una persona, puoi riuscire a capirla meglio e più velocemente. Puoi creare con lei un vero feeling, per arrivare, in alcuni casi, a meravigliarti per la tua capacità di entrare in empatia e di capirla. Io stesso, spesso, mi meraviglio di come sia capace di entrare subito in empatia con le mie clienti, nonché di riuscire a capire i loro problemi. Spesso mi hanno chiesto se fossi uno psicologo, ma posso garantirti che la psicologia non c'entra nulla... è solo che mi esercito da una vita a cercare di capire le persone che ho davanti e il meccanismo è diventato talmente automatico che non faccio più alcuno sforzo: è il mio inconscio che mi guida.

La calibrazione, quindi, serve per cercare di entrare più facilmente in *rapport* con gli altri. Puoi calibrare una persona in tre modi diversi:

1. attraverso la sua comunicazione verbale;
2. attraverso il suo paraverbale;
3. attraverso il suo linguaggio del corpo.

Ma *calibrare* cosa significa? Sostanzialmente due cose: *osservare* e *ascoltare*:

- **osservare le persone**, cioè notare come si muovono, come si vestono, come muovono gli occhi, le mani e il proprio corpo; stare attenti ai particolari, allo stile, al look;

- **ascoltare la loro linguistica**, e cioè percepire le parole, i verbi, gli aggettivi, i sostantivi che usano. Stare attenti alle parole più ripetute e a quelle su cui una persona mette l'accento, magari con la sua stessa voce.

SEGRETO n. 21: *calibrare* **significa semplicemente raccogliere il maggior numero di informazioni sulla persona che hai davanti. La** *calibrazione* **è la prima fase del** *ricalco*. **Più informazioni raccogli e più opportunità avrai di entrare in** *rapport* **con qualcuno.**

Conosco un solo sistema per calibrare una persona: essere concentrato su di lei. Personalmente, ho qualche problema a visualizzare le cose e quindi a notare i particolari. Sono, infatti, un auditivo, pertanto sfrutto la mia capacità al meglio e cerco di fare molta attenzione all'uso delle parole che una persona applica. Mi aiutano a capire se in quel momento è in modalità visiva, auditiva o cinestesica. Mi aiutano a capire chi ho davanti e posso così ricalcarla verbalmente, entrare più facilmente in *rapport* con lei e, naturalmente, comprendere molto meglio le sue esigenze e necessità.

In base alle mie esperienze e a tutti i libri di PNL che ho letto, hai solo due modi per rapportarti con le persone che incontri:

1. decidere di mettere in rilievo le differenze tra te e loro;

2. oppure decidere di mettere in rilievo le somiglianze.

Se decidi di cambiare un'altra persona oppure di sottolineare le differenze che hai, per esperienza diretta debbo dirti che sei destinata a fallire. Se vuoi fare questo, né questo ebook né fare coaching con me o con qualsiasi altro coach ti serviranno. Hai solo bisogno di una buona dose di fortuna. Se invece decidi di valorizzare le somiglianze che ci sono tra te e l'altra persona, se cerchi di capirla e di mettere in evidenza le cose che avete in comune, come per magia, entrerai in *rapport* con lei. Quale strada ti consiglio? Ovviamente la seconda.

Dammi retta: molto meglio valorizzare le somiglianze che far notare le differenze. Evita di pensare che tra te e l'altra persona non ci siano somiglianze. Se stai attenta, osservi e ascolti bene, noterai sicuramente qualche cosa che vi accomuna. Fidati, e fai come ha fatto anche Anna: lavora sulle somiglianze. È il modo più veloce che conosco per entrare in *rapport* con qualcuno, e costruire il *rapport* a sua volta è il modo migliore che conosco per vincere le resistenze degli altri e aiutarli ad accettare il tuo punto di vista.

In alcuni casi il *rapport* avviene spontaneamente, si crea quella sintonia, quel feeling quasi misterioso. Molti studi hanno dimostrato che in realtà si sono attivati dei meccanismi inconsci che hanno, a livello subliminale, creato quel *rapport* immediato. Ad esempio, sicuramente ti sarà capitato di conoscere una persona e, pur senza sapere niente di lei, hai detto dentro di te: «Però! Mi è simpatica, anche se la conosco da poco ci sto bene insieme!»

Questo avviene quando il *rapport* si innesca spontaneamente e quindi ci troviamo di fronte a due persone che inconsciamente hanno eseguito gli stessi movimenti del corpo, la stessa gestualità (hai presente due innamorati?), quello che in PNL prende il nome di *rispecchiamento*, tecnica che si utilizza quando invece il *rapport* si vuole creare.

Il *rispecchiamento* o *ricalco* è il punto di partenza per metterti sulla stessa frequenza della persona che hai davanti ed entrare in un rapporto positivo con lei. Purtroppo, è bene che tu sappia che non tutte le persone che incontrerai saranno aperte caratterialmente o mentalmente per accettare subito di entrare in sintonia con te.

SEGRETO n. 22: puoi decidere di accelerare i tempi utilizzando la tecnica del ricalco e creare un *rapport* empatico positivo. Ricordati che è di vitale importanza entrare nel mondo dell'altra persona, se la vuoi portare nel tuo.

Se sono come te, ti piacerò; e se ti piacerò, vorrai essere d'accordo con me

Ricalcare significa immedesimarsi nell'altra persona e cercare di entrare in armonia con lei. Devi pensare come lei, parlare come lei, muoverti come lei, respirare come lei ecc. Insomma: devi diventare il suo specchio. Puoi ricalcare il suo umore, il suo linguaggio corporeo, i suoi schemi di conversazione, le frasi, le immagini che cita, e anche le sue convinzioni. I più esperti riescono a ricalcare anche la respirazione di chi hanno davanti. L'importanza del ricalco è proprio questa: quando ricalchi un'altra persona, in pratica le stai dicendo: «Sono come te... puoi fidarti di me».

Quando Anna imparò a comunicare meglio attraverso la capacità di ascoltare e ricalcare le persone, cominciò ad avere molti meno problemi con la sua acerrima nemica. Paradossalmente, durante un consiglio di classe si sentì dire: «Cara Anna, come riesci a capirmi tu non c'è nessuno! Meno male che mi sei amica!» Compiendo inevitabilmente degli sforzi (cosa che non tutte le persone vogliono fare e che la stessa Anna, inizialmente, era restia a fare), Anna era riuscita a *vedere* la sua rivale sotto una luce diversa e, soprattutto, a capirla. Non solo: adattando la propria Mappa del Mondo a quella delle altre persone, migliorò sensibilmente anche la propria capacità relazionale e, di conseguenza, la propria vita relazionale.

Vi sono vari tipi di ricalco, e per una persona inesperta provare a metterli in pratica tutti può creare confusione. Come ho fatto con Anna, te ne descriverò due, invitandoti a provarli e riprovarli. Se poi desideri impararli bene, e magari ampliare le tue conoscenze della materia, ti consiglio di iscriverti a un corso di PNL, dove ti trasmetteranno le basi per mettere in pratica anche altri tipi di tecniche.

Il primo tipo di ricalco è il cosiddetto *rispecchiamento*, altrimenti detto *ricalco posturale o ricalco del corpo*. Esso corrisponde alla riproduzione della fisiologia, degli atteggiamenti corporei e delle posture della persona che hai davanti: è un ricalco, quindi, *non verbale*. Ricalcare il linguaggio corporeo è una cosa che facciamo spesso, inconsciamente, e molto più spesso di quanto tu possa pensare. Pensa agli innamorati: quante volte *si rispecchiano* a vicenda, senza neppure accorgersene? Adesso voglio che tu prenda coscienza che puoi ricalcare qualcuno volutamente, per entrare più velocemente e facilmente in *rapport* con lui.

Per ricalcare il linguaggio del corpo della persona che hai davanti devi seguire il suo stesso ritmo gestuale, senza però "scimmiottare" ogni gesto. Per avere un buon effetto è sufficiente ricalcare anche solo il 50% della sua gestualità. Diventa il suo specchio. Ad esempio: se parlando con te accavalla la gamba destra sulla sinistra, fallo anche tu, magari accavallando la sinistra sulla destra. Oppure: se seduto a un tavolo parla con il corpo verso di te e le dita delle mani intrecciate tra loro, piano piano porgiti in avanti anche tu, oppure metti le mani sul tavolo e intrecciale tra loro. E ancora: se parlando con te prende in mano una penna, tu puoi tranquillamente prendere una matita oppure un pennarello oppure, volendo, anche un pacchetto di sigarette. Lui avrà in mano qualche cosa e anche tu.

Il secondo tipo di ricalco è il *ricalco verbale*, che riguarda il contenuto specifico del linguaggio: l'uso prevalente di alcuni termini, parole o frasi intere del tuo interlocutore. Ricorda che le parole, le frasi e le immagini che usano le persone quando parlano, ti possono fornire informazioni importanti. In particolare, ognuno di noi tende spesso a utilizzare alcune parole, alcune frasi, o richiama verbalmente alcune immagini, cui attribuisce una particolare valenza espressiva.

Spesso registro le mie conferenze e riguardandomi, e soprattutto riascoltandomi, scopro di avere usato alcuni intercalari particolari, oppure di aver ripetuto tantissime volte delle parole, dei termini particolari. Come lo faccio io, lo fai anche tu. Come lo fai tu, lo fanno anche tutte le persone che incontri. Quindi, a partire da oggi, presta particolare attenzione alle parole che usano le persone con cui ti rapporti, alle frasi intere e anche alle immagini che citano e nella conversazione che avrai con queste persone: ripetile in modo semplice e spontaneo.

Mi ricordo bene che uno dei problemi maggiori di Anna era quello di gestire le obiezioni che le venivano poste quelle poche volte che tentava di dire la sua. Già si sbilanciava poco, e quelle volte che osava farlo veniva immediatamente messa nell'angolo da qualche obiezione, che lei si guardava bene dall'affrontare e controbattere.

Per esempio: circa quattro mesi dopo che avevamo cominciato a lavorare, partecipò a una riunione in cui la preside dell'istituto le disse che non era convinta della recita di Natale (ho scoperto che in molte scuole elementari a Natale i bambini fanno la recita). In un altro momento, Anna avrebbe incassato il colpo e magari si sarebbe arrabbiata più tardi, quando sarebbe rimasta da sola. Quel giorno no, andò diversamente.

Sorridendomi, mi disse: «L'ho guardata in faccia col sorriso a trentadue denti e poi le ho chiesto, ricalcando la parte finale della sua frase: "Posso domandarle cosa non la convince della recita di Natale? Forse il tema?" Avresti dovuto vedere la sua faccia!»

proseguì Anna scoppiando a ridere «È rimasta di stucco e ha cominciato a balbettare, sino a quando è riuscita a dirmi che alcuni costumi le sembravano fuori luogo, anche per le spese. Allora io l'ho tranquillizzata e ho detto che avrei personalmente rivisto i costumi e tenuto sotto controllo il budget a disposizione. La preside mi guardò» aggiunse Anna «e disse solamente: "Va bene, se lei mi garantisce che terrà tutto sotto controllo, va bene".»

Quel giorno Anna faceva i salti mortali dalla gioia nel mio studio (cosa che non consiglio mai, perché avendo il soffitto basso la possibilità di sbattere la testa è alta...). Quando si riprese dai festeggiamenti, le chiesi: «È stato difficile?» «Assolutamente no» rispose Anna. «E come ci sei riuscita?» domandai ancora. Mi scrutò con sguardo serio e poi disse: «Con franchezza non lo so. So solo che per la prima volta in vita mia sono stata attenta alle parole che diceva e poi ho fatto solo quello che più volte mi hai consigliato: ricalcarla». È impressionante come possano essere abbattuti i "muri di freddezza" se si impara ad ascoltare e osservare l'altra persona.

SEGRETO n. 23: puoi ricalcare le persone che hai davanti in due modi. Rispecchiandole nel loro linguaggio del corpo oppure ricalcando il loro linguaggio verbale.

Come dice anche Carlo Majello nel suo libro: «Saper comunicare significa sapersi esprimere. Sapersi esprimere significa farsi capire». Per farsi capire occorre suscitare interesse in chi ascolta le nostre parole o legge i nostri scritti. Come vedi, per comunicare bene non basta accontentarsi di avere trasmesso ciò che volevi. Se veramente vuoi ottenere successo quando comunichi devi mettere il destinatario nella condizione di capire ciò che gli hai appena detto. Un altro dei più importanti assiomi della comunicazione dice: «Non si può non comunicare.»

Ricordati che in qualsiasi momento noi comunichiamo qualcosa, anche se non parliamo. Un gesto, un'occhiata, un tono di voce… e quello che abbiamo appena comunicato viene interpretato in maniera del tutto diversa da ciò che volevamo. Quante volte ti è successo a scuola, oppure nel lavoro o in famiglia?! Ma eccoti una buona notizia: comunicare è un'arte, un'arte che si può imparare. Per apprenderla occorrono buona volontà ed esercizio continuo.

Come del resto ha fatto anche Anna e come, naturalmente, ho fatto anche io. Quindi, aggiungiamo un altro po' di informazioni alle cose che ti ho appena spiegato.

Devi prestare molta attenzione a ciò che dici e a ciò che fai. Intanto, devi fare attenzione alle parole: parlare *semplice* è uguale a parlare *chiaro*. Usare un linguaggio più forbito spesso non ti aiuta a catturare l'attenzione di chi ti ascolta. Anzi, molto spesso causa l'effetto contrario. Mi ricordo che quando ero a Parma a imparare il mestiere dell'account pubblicitario, mi dicevano: «Giancarlo, se vuoi farti capire dalla gente, usa il linguaggio dello scemo del villaggio… che ti capirà anche il saggio!»

Il primo a parlare di peso maggiore del linguaggio del corpo rispetto alle parole, quando le due cose sembrano contraddittorie, è stato lo psicologo e professore Albert Mehrabian. Egli amava dire: «I nostri messaggi silenziosi possono contraddire o rinforzare quello che diciamo a parole. In entrambi i casi, nella comunicazione essi sono più importanti delle parole» (vedi note bibliografiche a fine ebook).

L'elemento costitutivo della comunicazione verbale è il *vocabolario linguistico*. Attraverso questo canale si comunica una gran quantità di informazioni, che però non sempre sono recepite dal tuo interlocutore secondo il suo schema semantico (= *di significato*). Il vocabolario linguistico personale, come la Mappa del Mondo, cambia secondo l'ambiente in cui si è cresciuti, il livello di scolarità raggiunto, la familiarità al dialogo con altre persone, l'amore per la lettura e, perché no? anche la capacità di ascoltare e memorizzare parole nuove.

Secondo una scala di valori sviluppata dallo stesso Mehrabian, nel caso di comunicazione orientata alla comunicazione empatica, ovvero creare *rapport* con le persone e convincerle, il *verbale* (ossia: le parole che dirai in un qualsiasi contesto) rappresenta solo il 7% della tua comunicazione. Ciò significa che le tue parole colpiscono l'attenzione delle persone in misura minore di quanto puoi pensare.

Se ti limiti a usare solo il verbale corri il rischio di parlare esclusivamente alle persone auditive (ricordi i tre esempi?) e quindi di escludere tutte le altre. Se la persona che hai davanti non è auditiva e tu non ti adatti alla sua Mappa del Mondo, è molto probabile che faticherai a farti capire e, di conseguenza, a capirla. Ricorda che in comunicazione la *forma* (*come* dici le cose) prevale sul *contenuto* (le *parole*). Devi quindi usare parole semplici e immediate, che facilitino l'azione di apprendimento delle persone.

Usare le parole senza la voce è ovviamente impossibile per qualsiasi persona, anche per te. Per questa ragione è stata data la definizione *paraverbale* all'insieme dei segnali della tua voce: volume, velocità, tono, timbro, cadenza, inflessione, dizione ecc. Gli esperti della comunicazione interpersonale e del parlare in pubblico sostengono che è bene alternare il tono di voce in base agli argomenti trattati. Ma perché è così importante variare il proprio tono di voce?

Perché il 38% della comunicazione passa attraverso il tuo tono, il tuo timbro, il tuo volume e l'inflessione della tua voce. Questo significa che se vuoi farti capire devi assolutamente alternare il tono della voce in base ai concetti che stai esprimendo. Se non lo fai, se continui a parlare con il solito tono di voce, rischi di far capire cose diverse da quelle che stai comunicando. In questo caso ci rivolgiamo, in modo preferenziale, alle persone chiamate cinestesiche.

Ricordati le caratteristiche delle persone cinestesiche. Queste persone hanno bisogno di provare sensazioni, emozioni. Molto più facile convincerle della bontà di qualche cosa raccontando loro la tua esperienza diretta in cinque minuti, con enfasi, passione e entusiasmo (e quindi, con un tono di voce appropriato), che cercando di convincerle con tono lineare e spesso costruito, ripetendo il solito discorsetto che ti hanno insegnato. O peggio: arrabbiandoti perché gli altri non ti ascoltano o non ti danno retta.

Infine, ben il 55% della tua comunicazione passa attraverso l'atteggiamento *non verbale*, chiamato anche *linguaggio del corpo*. In questa categoria rientrano l'espressione facciale, la mimica, l'abbigliamento, la postura, lo sguardo, la gestualità, i movimenti del corpo ecc. Ricordati che il tuo corpo non mente mai. Come non mente il tuo non mente il mio, o quello di chiunque tu possa incontrare.

Mentre è abbastanza facile manipolare le parole, non è altrettanto semplice governare le espressioni del corpo e prima o poi, se stai mentendo, qualcuno se ne accorgerà. In questo caso si coinvolgono tutte quelle persone che hanno, come sensi più sviluppati, quelli visivi. Vai sul mio sito www.giancarlofornei.com, e dentro la cartella degli articoli sulla comunicazione cerca e leggi il mio articolo *Il tuo corpo parla e dice molte cose su di te.*

SEGRETO n. 24: per comunicare bene devi usare tutti e tre i livelli. Devi usare le parole, poi stare attenta a come le dici e, infine: occhio al tuo linguaggio del corpo!

Analisi della strategia di Anna in 5 passi

Eccoci giunti ad analizzare la strategia di Anna. Come prima, vale il solito suggerimento: prendi questa strategia e mettila insieme alle prime due, facendone un collage. Poi estrapola e usa i consigli più utili a permetterti di risolvere i tuoi problemi personali. Eccoti la strategia in 5 passi che ha aiutato Anna a superare brillantemente i suoi problemi e a tornare a sorridere, nel lavoro e nella vita.

1. Grazie al banale diario, la prima cosa che Anna ha capito è che aveva molte persone (i bambini) a cui voleva bene e che volevano bene a lei. Ciò le ha permesso, in meno di due mesi, di tornare a volersi bene, a ricostruire la propria autostima e ad alimentarla continuamente di cose belle e positive. Il diario l'ha resa consapevole che non era sola e che, anzi, intorno a lei vi erano molte più persone e cose belle di quante onestamente sperasse.

2. Il lavoro sull'ascolto e sulla calibrazione delle persone le ha permesso di capire che ogni persona ha la propria personalissima Mappa del Mondo. Quindi, ogni individuo interpreta le cose in funzione di come le percepisce, in funzione delle proprie esperienze e conoscenze. Se Anna voleva migliorare la propria comunicazione, era lei che doveva fare lo sforzo di andare verso gli altri. Nel momento in cui ha cominciato a fare un piccolo sforzo per capire le persone, la vita di Anna è cambiata in meglio. Paradossalmente, proprio la sua acerrima nemica è diventata la sua migliore amica. Anna ha dovuto fare solo quello che io chiamo *ampliamento di Mappa*, ovvero: ha accettato che anche gli altri potessero avere, a modo loro, ragione.

3. Nel momento in cui ha imparato a comunicare meglio e a dire qualche *no* con il sorriso sulle labbra, Anna ha scoperto un mondo tutto nuovo, che non conosceva. La sua nuova capacità comunicativa e, soprattutto, relazionale le ha permesso di riprendersi quella soddisfazione e serenità sul lavoro che le mancava da anni. E con la serenità è tornata anche la voglia di vivere.

4. Anche lei, come tutte le altre, non si è limitata a chiedere il mio aiuto, ma ha agito. Io le ho dato gli strumenti, lei li ha messi in pratica. Come ormai avrai capito, il quinto step è il più importante di tutti: è quello che nelle strategie non cambia mai. Se vuoi cambiare la tua vita, l'azione sarà determinante anche per te.

Il lavoro fatto con Anna è stato un po' diverso da quello fatto con le altre. Con lei ci siamo focalizzati poco sulle sue *convinzioni o valori*, ovvero su ciò in cui credeva e su quello che per lei era importante, perché francamente su queste cose non aveva grossi problemi. Mentre il lavoro maggiore è stato fatto sulle sue *conoscenze e capacità*, per permetterle di apprendere tutte le strategie comunicative e relazionali che le servivano per superare i problemi sul lavoro, che per lei rappresentavano tutto.

Superati i quali, Anna tornò a essere quella persona piena di vita e di allegria che tutti conoscevano. Il lavoro su Anna durò all'incirca cinque mesi, e alla fine fu talmente contenta che mi presentò anche sua sorella, più giovane di lei. Ma questa, è un'altra storia…

Esercizio

L'esercizio che segue fu molto di aiuto ad Anna. Se anche tu sei incapace di ascoltare le persone, provalo: potrai solo migliorare. Per i prossimi ventuno giorni poniti come obiettivo quello di migliorare la tua capacità di ascolto e fai così:

1. qualsiasi cosa tu stia facendo, quando tuo figlio/a, tuo marito, un tuo collega, o qualsiasi altra persona ti chiede qualche cosa, alza la testa e smetti improvvisamente di fare quello che stavi facendo;

2. ruota il corpo verso quella persona, in modo da guardarla negli occhi e mentre le dici verbalmente: «Dimmi, ti ascolto», sorridi e dimostraglielo con il corpo;

3. se qualcuno ti fa una domanda o ti dice qualche cosa, ricalca sempre le ultime parole: gli dimostrerai che sei stata attenta; inoltre, per capire le sue ultime parole costringerai te stessa a stare attenta.

RIEPILOGO DEL GIORNO 3:

- SEGRETO n. 14: avere un diario ti renderà più consapevole delle cose che ti accadono ogni giorno. Ti aiuterà a capire meglio te stessa, a riordinare le tue idee.

- SEGRETO n. 15: un diario costa poco e aiuta moltissimo; la sua valenza terapeutica è notoriamente riconosciuta da tutti, in primo luogo dalla psicologia.

- SEGRETO n. 16: annota ogni giorno qualcosa di bello nel tuo diario. Ben presto scoprirai che le cose belle che ti circondano sono maggiori rispetto a quelle negative.

- SEGRETO n. 17: tu sei responsabile di quello che dici. Quindi, se le persone non ti capiscono la colpa è solamente tua. Migliora la tua comunicazione, migliorerai la tua vita.

- SEGRETO n. 18: la PNL è la tecnologia più potente e pragmatica nel campo della comunicazione umana. La PNL è pratica, non teoria. La PNL è uno stile di vita.

- SEGRETO n. 19: cambiando la tua Mappa del Mondo, o adattandola alle altre persone, aumenti sensibilmente le tue scelte nei comportamenti.

- SEGRETO n. 20: sforzati di capire chi hai davanti. Fallo sempre e ben presto, con la tua capacità comunicativa, posso garantirti che cresceranno anche la sicurezza in te stessa e l'autostima.

- SEGRETO n. 21: *calibrare* significa semplicemente raccogliere il maggior numero di informazioni sulla persona che hai davanti. La *calibrazione* è la prima fase del *ricalco*. Più informazioni raccogli e più opportunità avrai di entrare in *rapport* con qualcuno.

- SEGRETO n. 22: puoi decidere di accelerare i tempi utilizzando la tecnica del ricalco e creare un *rapport* empatico positivo. Ricordati che è di vitale importanza entrare nel mondo dell'altra persona, se la vuoi portare nel tuo.

- SEGRETO n. 23: puoi ricalcare le persone che hai davanti in due modi. Rispecchiandole nel loro linguaggio del corpo oppure ricalcando il loro linguaggio verbale.

- SEGRETO n. 24: per comunicare bene devi usare tutti e tre i livelli. Devi usare le parole, poi stare attenta a come le dici e, infine: occhio al tuo linguaggio del corpo!

GIORNO 4:

Il passato mettilo dietro le spalle

Mi occupo di crescita personale e di valorizzare le persone sin dal lontano 1999. Mi è capitato spesso di lavorare con persone che non sapevano *staccarsi* dal proprio passato, come se lo stesso fosse un fardello enorme e, paradossalmente, troppo pesante per liberarsene. Ad essere sincero, molte più donne rispetto agli uomini.

La maggior parte delle donne preferisce farsi del male da sola e vivere perennemente immersa nel passato, subendolo ogni giorno, anziché affrontarlo e fare tesoro di tutti gli insegnamenti ricevuti. Del resto, anche la più brutta storia, la più negativa lezione di vita o la più nefasta disavventura, contestualmente all'amaro in bocca ci lascia sempre degli insegnamenti. Le persone più capaci, quelle che sanno apprezzare e vivere la vita, sanno anche prendere questi insegnamenti e, indipendentemente dal fatto che vengano da esperienze belle o brutte, li fanno propri e li valorizzano con il tempo. Sino, paradossalmente, ad averne un vantaggio.

Restare immerso nel passato è successo a me, è successo a molte delle mie clienti, probabilmente è successo anche a te che stai leggendo. Eppure, basterebbe così poco: affrontare il passato col sorriso sulle labbra, essere consapevoli degli insegnamenti ricevuti e lasciarlo andare dietro le spalle, delicatamente, con gentilezza. Molta gentilezza. Difficile? Forse, anche se comunque è molto più facile di quanto tu possa pensare. Semmai, è molto più difficile sopportare tutto il peso dei ricordi del passato e vivere ogni giorno con un peso, una sorta di macigno posto, per alcune donne, sulla bocca dello stomaco, per altre sulla gola, e per altre ancora sulla testa.

Invece, parli con loro e ti rendi conto che ne sono ossessionate. La maggior parte vive in funzione del passato. Sono i ricordi, prevalentemente brutti (fossero belli, potrei anche capirlo...) a influenzare ogni attimo della loro giornata, ogni minuto della loro vita. Ricordi di un amore perduto, di una delusione, di una malattia, di un brutto incidente, della perdita di un lavoro, di una bocciatura. Ricordi brutti, solo brutti e negativi ricordi. Dico sempre alle donne che vengono a fare coaching da me: «Possibile che l'esperienza non ti abbia insegnato nulla? Possibile che tu non abbia imparato nulla anche dalle cose brutte e negative che ti sono capitate?»

Io conosco già la risposta: «No». Ma non è possibile! L'esperienza mi insegna che da ogni cosa, bella o brutta che sia, noi esseri umani impariamo sempre qualcosa di nuovo. Il problema è che la maggior parte delle persone si focalizza solamente sulle cose brutte e non su quello che le cose brutte hanno insegnato loro. Vedono solo il bicchiere mezzo vuoto e mai il contenuto dentro il bicchiere.

Ma guarda che lo sforzo mentale che devi fare per focalizzarti sulle cose brutte che hai passato o sugli insegnamenti che ne hai ricevuto è identico. Quindi, molto meglio *focalizzare* la propria attenzione e la propria energia sugli insegnamenti che ne hai tratto. Quelli, gli insegnamenti, ti saranno sicuramente utili in futuro e, a meno che tu non persista nell'errore, ti aiuteranno a gestire meglio la tua vita, ad affrontare le cose con più serenità, forte dell'esperienza acquisita.

SEGRETO n. 25: vivere nel passato non ti aiuterà ad affrontare il presente. Affrontalo col sorriso sulle labbra, consapevole degli insegnamenti ricevuti e lascialo scivolare dolcemente dietro le spalle.

Evita di pensare che parlo e scrivo in questo modo perché le cose brutte non mi hanno mai sfiorato. Io non faccio il teorico di professione. Offro consigli su cose e problemi che ho affrontato nel mio passato. Direttamente sulla mia pelle, o indirettamente sulla pelle delle donne che hanno lavorato con me. Faccio il coach e riesco ad aiutare le persone proprio grazie alle innumerevoli esperienze, molte delle quali negative, che purtroppo ho vissuto in prima persona.

Ti porto l'esempio di una cosa che mi è successa personalmente, esattamente dieci anni fa, il 17 novembre del 1999. Quel giorno, uscendo da scuola, un istituto di Carrara dove insegnavo Comunicazione, mi fermai in macchina per alcuni minuti, in preda a un giramento di testa micidiale. Tutto il mondo intorno a me si era messo a girare e girava velocemente, molto velocemente.

Mi ritrovai al pronto soccorso e mi risvegliai il giorno dopo in neurologia. Mi dissero che ero stato fortunato, che ero andato molto vicino a quello che io chiamo scherzosamente *punto di non ritorno*. Si erano formati dei grumi nel sangue ed erano partiti degli emboli (credo si chiamino così), generando quello che in gergo medico chiamano *infarti cerebellari*. Ne ebbi tre, tutti vicini e localizzati dietro la nuca. Fortunatamente, non lesionarono alcuna parte importante.

A distanza di un anno, dopo che ripetutamente avevo avuto dei segnali simili alla prima volta (se non ricordo male il mio neurologo li chiama TIA: attacchi ischemici transitori), una gentilissima e scrupolosa dottoressa di Ematologia della Clinica Universitaria di Pisa, tale Cecconi (il mio angelo), scoprì il mio problema: avevo una mutazione nel sangue chiamata MTHR, che mi creava scompensi per la mancanza di acido folico, facendomi schizzare verso l'alto l'omocisteina, che a sua volta creava tutta una serie di altri scompensi che evito di raccontarti, altrimenti finisco per scrivere un trattato di medicina.

Pensi che io mi sia focalizzato sul problema e abbia vissuto nel ricordo del passato? Terrorizzato che potesse accadermi nuovamente e, questa volta, essere molto meno fortunato? No! Assolutamente no. Ho deciso di prendere tutte le cose belle che quella brutta malattia mi aveva insegnato, e di applicarle per vivere meglio.

Per esempio: ho scoperto che con un'alimentazione attenta e controllata potevo stare decisamente meglio e quindi ho cominciato a mangiare meglio: più frutta, più verdura, più pesce contenente Omega 3 e meno schifezze. Ho scoperto che una concausa della mia malattia era stato lo stress per la vita frenetica che conducevo, e quindi ho cominciato a vivere meglio, prendendomela comoda, evitando di cadere nuovamente nella trappola ambigua dello stress. E ancora: ho cominciato a tenere sotto controllo il mio fisico con regolarità, cosa che non avevo mai fatto nei precedenti trentasette anni. E altro ancora…

Insomma: potevo affrontare con un sorriso sulle labbra il passato perché ero consapevole degli insegnamenti ricevuti. Ho imparato a vivere la vita, cosa che paradossalmente facciamo solamente quando ci accorgiamo che il tempo a nostra disposizione è terminato. Allora, per incanto, ci aggrappiamo a tutto quello che abbiamo e facciamo, magicamente, tutto quello che non abbiamo mai fatto prima.

Dammi retta: prendi tutto il tuo passato e mettilo dolcemente dietro le spalle. Lascialo scivolare piano, lascialo andare. E se si dovesse ripresentare, affrontalo con il sorriso sulle labbra e la gioia nel cuore, consapevole di tutti gli insegnamenti che hai ricevuto. Focalizzati sul presente. Concentrati sul tuo **oggi**. Vivilo intensamente, con amore, con passione, con entusiasmo. Magari come se fosse il tuo ultimo giorno sulla terra. Vivilo intensamente. Smettila di continuare a girarti indietro, cercando quel passato che ormai è andato e che non può tornare. Pensa a tutte le cose belle che puoi fare oggi.

SEGRETO n. 26: lascia perdere il passato ed evita di guardare troppo avanti nel futuro. Concentrati e focalizzati

sul presente. È in questo *oggi* che vivi, non nello *ieri* e neppure nel *domani*.

Leggi ogni giorno questa frase bellissima. Leggila e rileggila molte volte. Come è stata capace di farlo con me, aiuterà anche te.: «Negli ultimi trentatré anni ho guardato nello specchio ogni mattina e mi sono chiesto: "Se oggi fosse l'ultimo giorno della mia vita, vorrei veramente fare quello che sto per fare oggi?" E ogni volta che la risposta è stata *no,* per troppi giorni di fila, sapevo di aver bisogno di cambiare qualcosa... quasi tutto: le aspettative, l'orgoglio, la paura del disagio e del fallimento. Di fronte alla morte tutto ciò improvvisamente svanisce, lasciandoci solo quello che conta davvero. Ricordarsi che moriremo è il modo migliore che conosco per evitare la trappola di pensare di avere qualcosa da perdere.» (Steve Jobs, CEO di Apple Computer).

Molte donne vivono di ricordi, come se fossero rimaste ancorate al passato. Se anche tu fai così, sappi che ti stai facendo solo del male. Come diceva Oscar Wilde: «Colui che si volge a guardare il proprio passato non merita di avere futuro avanti a sé.» Il passato non conta più, e il futuro non conta ancora. Conta solamente il presente: è quello che devi imparare a vivere. Attimo per attimo, momento per momento. Il passato è legato ai ricordi e i ricordi sono spesso legati a immagini ed emozioni. I ricordi positivi si nutrono di immagini belle, mentre i ricordi negativi sono alimentati da immagini brutte. Sapevi che spesso basta rimuovere quella brutta immagine per mettersi alle spalle i ricordi e le emozioni negative che essa trasmette?

La storia vera di Rosa

Aveva poco più di trent'anni quando, a settembre del 2008, Rosa è venuta a trovarmi la prima volta. Era una bella ragazza bionda, un po' magra, con un lavoro come commessa in una boutique di marca, dove chi entra acquista borse e accessori da donna da cinquecento euro in su. Le insoddisfazioni apparenti di Rosa erano molte: un amore che non andava, un lavoro che non le piaceva, non riusciva a smettere di fumare ecc.

Quel pomeriggio l'ascoltai mentre mi raccontava i vari problemi della propria vita, in particolar modo di quell'uomo sposato che non riusciva a togliersi dalla testa. Pur essendo finita la loro relazione da quasi sei mesi, l'immagine di lui la tormentava spesso la sera prima di addormentarsi e non le lasciava chiudere occhio. L'immagine di quell'uomo cominciava ad arrivare all'improvviso anche durante la giornata e s'insediava nella testa di Rosa per tutto il resto del giorno, e non vi era modo di mandarla via. E così Rosa cominciava a piangere. Stava diventando un vero e proprio incubo, che non le permetteva di vivere e la ossessionava.

Oltretutto, Rosa aveva anche un lavoro importante e impegnativo da portare avanti, a contatto tutti i giorni con una clientela esigente e non poteva permettersi di recarsi al lavoro in quello stato. Quel giorno volevo capire meglio cosa dava noia a Rosa e decisi di fare un gioco con lei, usando alcune tecniche di Programmazione Neuro-Linguistica. Le chiesi di chiudere gli occhi, rilassarsi un attimo e visualizzare l'immagine di lui e di fare il massimo dello sforzo per rendere il ricordo vivo dentro di sé. Le lasciai qualche minuto per richiamare l'immagine con tutti i sensi, dopodiché le chiesi se era quella la foto che le dava noia. Rispose prontamente di sì e pertanto andai avanti con una tecnica molto particolare che ho imparato a Milano, durante uno dei corsi sulla PNL che ho fatto negli anni. Siccome, su suo consenso, registrai la sessione di coaching, nelle pagine che seguono trovi la trascrizione fedele del dialogo con Rosa. Ho solamente cancellato quelle parti che ritenevo potessero ledere la sua privacy.

Dialogo con Rosa

Giancarlo: «In una scala da 1 a 10, quanta noia ti dà quell'immagine?»

Rosa: «È forte, molto forte…»

Giancarlo: «Va bene, ma sapresti quantificarmela usando quella scala?»

Rosa: «10… direi che 10 li vale tutti!»

Giancarlo: «Accidenti! Deve darti parecchio noia…»

Rosa: «Molta noia...» (in quel preciso momento Rosa fa una smorfia col viso, come di dolore).

Giancarlo: «Ok… abbi pazienza ancora un attimo. Vedrai… tra poco la eliminiamo per sempre, ma prima devo capire un po' di cose. Dimmi, è un'immagine fissa quella che hai davanti o qualcosa in movimento?»

Rosa: «No, no… tipo una foto: è fissa»

Giancarlo: «Dove hai questa foto? Davanti? A destra o a sinistra?»

Rosa: «Direi davanti, leggermente spostata a destra...»

Giancarlo: «È nitida oppure opaca?»

Rosa: «Abbastanza nitida, si perde un pochino ai lati, ma l'immagine centrale la vedo bene. Accidenti se la vedo bene!» (col suo tipico accento fiorentino).

Giancarlo: «Allora, mi hai detto che è un'immagine fissa, l'hai davanti a te ed è abbastanza nitida... giusto?»

Rosa: «Sì»

Giancarlo: «Adesso dimmi se è a colori o in bianco e nero»

Rosa: «In bianco e nero»

Giancarlo: «Dimmi se è grande o piccola, se è vicina o lontana»

Rosa: «Oh sì... è grandissima e mi sembra quasi di toccarla»

Giancarlo: «Un'ultima domanda, poi proviamo a divertirci un po'. Stai bene attenta, pensaci bene prima di rispondermi. Vedi l'immagine con i tuoi occhi oppure tu sei dentro la foto?»

Rosa: «Come? Non capisco...»

Giancarlo: «Mi spiego meglio: vedi la persona nella foto come se fosse qui, davanti a te ora? Oppure ci sei anche tu, nella foto?»

Rosa: «Adesso ho capito! È come se fosse davanti a me»

Giancarlo: «Quindi tu non sei dentro la foto con lui?»

Rosa: «No, io non ci sono, perché? È grave?»

Giancarlo: «Oh no… tranquilla! Serve solo a me per capire meglio. Bene! Adesso stai bene attenta a quello che ti chiederò di fare. Ogni volta che ti chiedo di fare una cosa, tu mi dici solamente se è meglio o peggio. Capito?»

Rosa: «Ok, proviamo»

Giancarlo: «Prendi la foto che hai davanti a te e spostala a sinistra. Dimmi se ci riesci»

Rosa: «Così e così…»

Giancarlo: «Provaci ancora e dimmi se è meglio o peggio di prima»

Rosa: «A parte il fatto che non mi riesce molto bene, ad ogni modo non mi sembra che cambi molto…»

Giancarlo: «Ok. Riporta la foto nella posizione di prima e prova a fare un'altra cosa: adesso spostala a destra»

Rosa: «Mmmm… così è peggio, decisamente peggio!»

Giancarlo: «Allora riportala subito al punto di partenza. Fatto?»

Rosa: «Sì»

Giancarlo: «Adesso prendi la foto e spostala un po' in avanti. Ci riesci?»

Rosa: «Sì, fatto»

Giancarlo: «Meglio o peggio rispetto a prima?»

Rosa: «Direi un pochino meglio»

Giancarlo: «Bene! Allora spostala ancora in avanti, portala più lontano che puoi. Fatto?»

Rosa: «Sì»

Giancarlo: «Adesso? Meglio o peggio?»

Rosa: «Meglio, molto meglio! Le sensazioni legate alla foto sono quasi sparite del tutto!»

Giancarlo: «Ottimo! Diamole il colpetto finale. Vedi ancora la foto?»

Rosa: «Sì, ma è piccolissima ed è molto lontana»

Giancarlo: «Allora voglio che tu faccia una cosa per me. Falla diventare un quadratino nero, nero, nero… ti riesce?»

Rosa: «Sì, sì…»

Giancarlo: «Adesso sposta in avanti quel quadratino nero, fino a quando il nero del quadratino si impasta con il nero del buio e tu non sei in grado di distinguere i due tipi di nero»

Rosa (prendendosi un po' di tempo): «Fatto! Ci sono… la foto è sparita, non riesco più a distinguerla»

Giancarlo: «Ottimo lavoro Rosa! E dimmi, da 1 a 10 quanta noia ti dà adesso?»

Rosa: «Poco molto poco, direi 2, anche perché la foto non la vedo più. È proprio sparita davanti a me, non riesco più a distinguerla»

Giancarlo: «Bene! La foto è sparita ma hai ancora delle piccole sensazioni. Come fai a sapere che sono collegate alla foto?»

Rosa: «Sono le stesse sensazioni che provavo prima di far sparire la foto»

Giancarlo: «Sono localizzate da qualche parte sul tuo corpo? Che so… un peso, freddo, calore ecc…»

Rosa: «Non saprei dirtelo. So solo che sento ancora qualcosa che mi dà un po' noia, anche se, intendiamoci, non è mica come prima. Questo lo sopporto benissimo»

Giancarlo: «Certo… vediamo se riusciamo a toglierlo del tutto. Ti va?»

Rosa (sorridendo): «Ma certo che mi va!»

Giancarlo: «Intanto verifichiamo se la foto c'è ancora. Fai quello che ti chiedo: apri e chiudi gli occhi lentamente»

Rosa (facendo subito il movimento che le avevo detto di fare): «Fatto»

Giancarlo: «Adesso torna a quell'immagine di prima... vai a cercare quella foto che ti dava tanta noia, la trovi?»

Rosa: «Insomma... non ci riesco troppo bene. La foto non la vedo bene, distinguo solo i bordi bianchi. Più che altro sono le sensazioni collegate alla foto... diciamo che adesso sono ritornate un pochino più alte di prima: 3, forse 4...»

Giancarlo: «Bene... allora fai così: con la tua mano destra prendi una matita nera e passala sopra i bordi della foto. Fai in modo che il nero della matita possa oscurare completamente i bordi e non permetterti più di notarli. Ci riesci?»

Rosa: «Ok, ci provo...» (passano un paio di minuti di silenzio). «Fatto! Ci sono riuscita! È stato un po' lungo ma ci sono riuscita»

Giancarlo: «Bravissima! Adesso la foto dov'è?»

Rosa: «Non la distinguo più dal nero, sento che è lì, ma non la vedo più.»

Giancarlo: «Ottimo! Hai reso la foto irriconoscibile, impastandola con il nero del buio. Adesso diamole il colpo finale: al mio tre voglio che tu soffi talmente forte da spazzarla via per sempre. Pronta? Prendi un grande respiro e... uno, due e tre... via! Soffia ora!»

Rosa soffia… (con gli occhi chiusi e la tipica espressione della bocca intenta a soffiare).

Giancarlo: «Fatto? La foto dov'è?»

Rosa: «Sparita, sparita del tutto, non la vedo più. E… sai una cosa? Non sento più neppure le sensazioni collegate ad essa. Non sento più alcunché, non mi dà più noia»

Giancarlo: «Adesso testiamo di nuovo. Apri e chiudi gli occhi e poi torna nuovamente a cercare quell'immagine che ti dava noia.»

Rosa (passa quasi un minuto): «Non la trovo più! Non la trovo più! Non ci posso credere, non la trovo, non la trovo!»

Giancarlo: «Dai… sforzati di cercarla, valla a cercare. Cerca bene, deve essere da qualche parte!»

Rosa: «Non la trovo! Ti dico che non la trovo più… non ci posso credere è sparita, sparita!»

Giancarlo: «E le sensazioni?»

Rosa: «Niente… non sento più niente… quelle sensazioni collegate alla foto di lui non ci sono. Dio, non ci posso credere, non mi dà più noia!»

Giancarlo: «Ottimo! Adesso apri gli occhi e alzati piano piano dalla poltrona e fai due passi (*faccio sempre fare due passi alle persone dopo un esercizio di PNL*) Ok... adesso siediti sulla sedia, chiudi gli occhi e vai a cercare nuovamente la foto.»

Rosa (sedendosi sulla sedia davanti a me e chiudendo nuovamente gli occhi): «Niente... non la vedo più e non sento più nulla. È un miracolo!»

Giancarlo: «No, è PNL...»

Rosa: «Grazie mille, Giancarlo! Tu non hai idea di che cosa significava per me quella foto! Vivevo nella sua ossessione. Grazie. Non mi stancherò mai di ringraziarti!»

Quel giorno la sessione con Rosa durò quasi tre ore. Probabilmente Richard Bandler o John Grinder ci avrebbero messo quindici minuti per eliminare la foto che dava noia a Rosa, anche se io sono contento di aver eliminato, seppur in tre ore, per sempre, l'ossessione di quella ragazza.

Nei mesi a venire ho rivisto Rosa molte volte alle mie conferenze. Alla domanda: «La foto?» mi sorrideva e rispondeva semplicemente «Sparita!» Mi ha anche portato tantissime sue amiche, con alcune delle quali ho anche lavorato e risolto piccoli problemi.

Ogni tanto Rosa torna a trovarmi, per quella che lei chiama l'*iniezione di positività*. Mi telefona e mi dice: «Sei disponibile per farmi un'iniezione di positività? Sai, non è un periodo bello, ne ho proprio bisogno». Facciamo una sessione di un'ora, al massimo un'ora e mezza, e poi riparte più carica di prima.

SEGRETO n. 27: puoi eliminare immagini del passato collegate a ricordi ed emozioni spiacevoli andando a modificare le sottomodalità della stessa immagine.

Prima di andare avanti e analizzare la strategia di Rosa, permettimi solamente di spendere due parole su quelli che io considero gli Italiani più bravi e preparati in PNL. Senza togliere nulla agli altri, considero Alessio Roberti e Claudio Belotti di NLP Italy le due persone più competenti in assoluto. Se vuoi diventare esperto in PNL, sponsorizzo pubblicamente la loro scuola. Sarà perché mi sono formato nei loro corsi, ma li considero i più bravi e affidabili.

Assieme a questi due, metto un altro italiano che mi ha sorpreso positivamente per il modo di fare e l'enorme competenza dimostrata: Giacomo Bruno. Considero Giacomo, prima che il mio editore, un amico e mi onora il fatto di averlo conosciuto.

Laddove tutti vanno a cercare i propri "eroi" negli stranieri, io mi permetto di citare i miei punti di riferimento che, guarda caso, sono tutti e tre italiani. Il mio sogno, un giorno, è di poter essere bravo come loro. Nel frattempo cerco di modellarli il più possibile.

Analisi della strategia di Rosa

Avrai capito che la strategia di Rosa è stata completamente diversa dalle precedenti. Rosa aveva un problema che da sola non poteva risolvere, perché non conosceva la PNL e quello che questa potente scuola di vita può insegnare. Ho visto fare cose con la Programmazione Neuro-Linguistica che potrebbero sorprenderti.

Io stesso, nel mio piccolo, mi sono sorpreso di quanto fossi capace di fare. Naturalmente, vi sono situazioni e problematiche che anche con la PNL sono impossibile da risolvere. Penso, per esempio, ai problemi di natura psicologica come la depressione, che devono essere risolti da un bravo psicologo o, nei casi più gravi, da una cura a base di farmaci prescritti da uno psichiatra.

A tale proposito, mi ricordo di una ragazza molto giovane, proveniente dalla Liguria, che mi chiamò per fare una sessione di coaching. Aveva dei seri problemi di instabilità psicologica e dopo la seconda sessione, venuto a conoscenza del fatto che assumeva anche psicofarmaci, chiamai subito il mio caro amico Vittorio Arcolini, noto psicologo della zona, e gliela indirizzai.

Ritengo che un buon coach deve sempre saper comprendere se può essere di aiuto alla sua cliente o al suo cliente e, all'occorrenza, fare un passo indietro. Io non potevo aiutare quella ragazza; era giusto che lo facesse qualcun altro, con altre competenze. Inoltre, è bene che tu sappia che il rapporto di coaching è un rapporto focalizzato sul presente e sulle azioni da intraprendere oggi e domani per realizzare gli obiettivi che hai fissato insieme al tuo coach.

Quella ragazza non poteva fare alcun tipo di azione, perché non era consapevole dei propri problemi: li subiva, e basta. Non aveva bisogno di un coach che la "guidasse" verso i suoi obiettivi. Aveva bisogno di un terapeuta.

Dunque, colgo l'occasione per chiarire per sempre che **un coach non è un terapeuta** e, quindi, non è competente a trattare eventuali disturbi psicologici o altre problematiche fisiologiche (a meno che tu non abbia la fortuna di trovare uno psicologo esperto anche in PNL, condizione sempre più auspicabile). Nel coaching, infatti, coach e cliente agiscono sullo stesso piano e sono due partner "forti" che operano in piena autonomia e responsabilità.

In tanti anni di formazione e di coaching ho capito che solo chi vuol cambiare veramente riesce a ottenere dei risultati. Voler cambiare significa compiere delle **azioni** ogni giorno, come hanno fatto Carla, Alida, Mary, Anna e Rosa. Come hanno fatto tantissime altre persone, che hanno capito che solo agendo potevano cambiare. Io posso aiutarti a trasformare te stessa, a riformulare il tuo modo di essere, di parlare, di pensare, di agire, nonché a farti diventare consapevole delle tue capacità, ma poi chi deve compiere materialmente le azioni, quella, sei tu.

Devi avere la consapevolezza di essere coinvolta emotivamente nel processo di coaching, anziché essere obbligata a parteciparvi. Rosa – come tutte le altre amiche – lo era, sapeva quello che voleva. Quella ragazza, purtroppo, no. Chiedeva solo aiuto, aveva un disperato bisogno di aiuto. Che io, purtroppo, non potevo darle.

Fare coaching, dunque – con tutto rispetto – non è come fare counseling o terapia. Un buon coach si concentra sulla ricerca immediata di una soluzione, piuttosto che cercare di analizzare un problema o un conflitto del passato. L'analisi e l'ascolto passivo sono compiti tipici di uno psicologo o psicoterapeuta. A me, invece, interessa *che cosa* puoi fare e *come* puoi farlo per risolvere la tua esigenza o aumentare le tue performance.

Se anche tu che stai leggendo hai problemi di natura psicologica, la figura ottimale per te è quella dello psicologo o dello psicoterapeuta: professionisti abilitati e preparati ad affrontare problemi di questa natura. Se invece vuoi cambiare la tua vita o, semplicemente, *riprenderti la tua vita,* e sei decisa a compiere delle azioni pratiche ogni giorno: rivolgiti con fiducia a un buon coach. Saprà sicuramente aiutarti.

Ho lavorato con Rosa perché sapevo che il suo problema derivava da un'immagine legata al passato che, con delle azioni specifiche, poteva essere eliminato. Rosa era motivata al cambiamento, e come tutte le persone che lavorano con me, consapevole che le metodologie di coaching sono orientate al risultato, al voler agire, piuttosto che centrate sul problema. Se un coach si focalizza sul problema, non è un buon coach. Dopo che ha individuato il problema, deve immediatamente focalizzarsi sulle azioni che portano alla soluzione del problema.

Nel caso di Rosa, per esempio, non ho avuto bisogno di metterla in analisi o di parlare del suo passato. Primo: perché non ero competente a farlo; secondo: perché non è così che lavoro o che lavora un buon coach. Mi interessava molto di più capire quali fossero i processi interni di Rosa e aiutarla a cambiarli in maniera veloce e duratura. Cosa che è puntualmente avvenuta nella lunga sessione di quasi tre ore: una volta capiti i processi interni di

Rosa, le azioni pratiche li hanno cambiati. E quelle azioni le ha fatte Rosa. Io l'ho solamente guidata.

SEGRETO n. 28: chiunque sia il coach con il quale decidi di lavorare e qualsiasi sia il tuo problema, ricorda che solo le azioni che fai in prima persona possono aiutarti a risolverlo.

Ma vediamo come la strategia di Rosa possa diventare anche la tua strategia in 5 passi.

1. La prima che cosa che devi fare è capire se anche tu hai un problema legato a una foto/immagine del passato che ti dà noia. Verifica bene se il problema è legato a una foto/immagine oppure a delle sensazioni localizzate in qualche parte del corpo. In entrambi i casi si può intervenire, ma mentre il procedimento per eliminare l'immagine è molto più facile (e te lo insegnerò nelle pagine che seguono), il processo per eliminare le sensazioni è più complesso, ed è meglio che a farlo sia un esperto di PNL.

2. Adesso devi cercare di capire se hai una sola immagine o più di una, e mettere ben a fuoco quale sia la più forte, quella che ti dà veramente noia. Talvolta potrebbero esserci più

immagini, quindi è importante che tu cerchi di riconoscere quella che è la più potente. Usa il mio sistema e numera da 1 a 10 tutte le immagini che hai: quella che avrà il numero più alto sarà probabilmente l'immagine su cui dovrai lavorare. Se ne hai più di una importante, devi lavorare con una sola alla volta.

3. Adesso devi imparare molto bene l'esercizio che troverai nelle pagine seguenti. All'inizio potrebbe essere difficile da farsi, ecco perché consiglio sempre di farlo almeno la prima volta con un esperto e poi di ripeterlo molte volte. Ad ogni modo, se vuoi provare da sola comincia a metterlo in pratica su immagini semplici, su cose banali, dove, se anche sbagli, non aggiungi problemi al problema. Tanto per usare la mia scala, lavora su un'immagine da 1 o 2 al massimo.

4. Hai imparato molto bene l'esercizio? Adesso cerca di metterlo in pratica in maniera più graduale con un'immagine che ti dà un po' più noia. Fallo con tranquillità e con la consapevolezza che se non riesce non accade nulla d'irreparabile. Usando nuovamente la mia scala, e avendo fatto bene il passaggio al punto 3, puoi lavorare su un'immagine da 3 o 4 al massimo.

5. Adesso sei pronta. Puoi decidere di lavorare da sola su di un'immagine molto più potente, oppure ricorrere all'esperienza di un buon coach, che ti possa aiutare a fare il salto di qualità. In ogni caso, avrai agito anche tu e, come tutte le altre amiche, non ti sarai limitata a leggere passivamente questo ebook, oppure a chiedere il mio aiuto, ma avrai agito. Con l'ebook io ti avrò dato degli strumenti, che tu, solo tu potrai mettere in pratica con le azioni.

Esercizio

Eliminare un'immagine che ti dà noia

Devi sapere che le rappresentazioni interne sono di tipo VAK: *visive, auditive* e *cinestesico sensoriali*. Tu, come tutti gli altri esseri umani, tendi a crearti delle rappresentazioni interne, che possono essere, a seconda di quale canale utilizzi in maniera prioritaria, rappresentazioni visive quando ti crei delle immagini, rappresentazioni auditive quando ti crei dei suoni o delle voci, rappresentazioni cinestesiche quando provi sensazioni ed emozioni localizzate in determinate parti del tuo corpo (per esempio: il famoso groppo alla gola o peso sullo stomaco).

Le rappresentazioni che si formano internamente nella tua mente, e che concorrono a creare/cambiare i tuoi stati d'animo, hanno una struttura ben definita. Questa struttura è composta dalle cosiddette *submodalità* o *sottomodalità*. Nel terzo Giorno ti ho già spiegato come si forma la tua Mappa del Mondo, e quella di tutte le altre persone: attraverso il filtraggio delle informazioni che arrivano dall'esterno tramite i cinque sensi.

Come ormai ben sai, i cinque sensi diventano in Programmazione Neuro-Linguistica tre canali percettivi: visivo, auditivo e cinestesico sensoriale. Le submodalità sono le caratteristiche delle modalità visive, auditive e cinestesiche. Prenderemo in considerazione solo quelle visive, e cioè:

- associato/dissociato;
- posizione (davanti, destra, sinistra, dietro);
- luminosità/contrasto;
- cornice/panoramica;
- fuoco/sfocato;
- colore/bianco e nero;
- contrasto;
- immagine ferma/in movimento;
- distanza;
- ecc.

Lavorando su queste tue sottomodalità, puoi ottenere dei cambiamenti. Le sottomodalità che producono cambiamenti si chiamano *critiche*, e variano da persona a persona. Per esempio: solitamente, allontanando l'immagine brutta che hai davanti a te dovresti già star meglio, si dovrebbero attenuare le sensazioni ad essa collegata. Viceversa: se tu l'avvicinassi, dovrebbero invece aumentare le sensazioni (belle o brutte che siano). E ancora: illuminando molto l'immagine brutta che hai davanti, rendendola quasi sbiadita in modo da farle perdere i contorni e il contrasto, la cosa dovrebbe farti star meglio; ma anche in questo caso è meglio testare.

Ricorda che non tutte le persone rispondono nello stesso modo; quindi, non ti resta che verificare sempre se è così anche per te. Nel caso di Rosa, per esempio, lei ha dovuto fare la cosa opposta: rendere nera la sua immagine. Poi, mentre l'allontanava, la riduceva contemporaneamente: solo così si è sentita meglio.

SEGRETO n. 29: solitamente, avvicinare un'immagine a se stessi aumenta le sensazioni collegate all'immagine, mentre allontanarla diminuisce le stesse sensazioni.

Quindi, devi armarti di santa pazienza e testare, testare e ancora testare. Sino a quando non avrai trovato le tue personalissime sottomodalità critiche. Ciò vuol dire che anche tu hai delle sottomodalità che, modificandole, ti faranno fare dei cambiamenti (in meglio o in peggio); e delle sottomodalità che, pur modificandole, non apporteranno significativi cambiamenti al tuo stato d'animo.

Ricordi quando ho fatto spostare l'immagine a Rosa dal centro a sinistra? In Rosa non aveva prodotto alcun cambiamento. Ma attenta: con te potrebbe essere diverso. Con questo esercizio andrai a lavorare sulle tue rappresentazioni visive, cercando di modificare le sottomodalità che ogni foto/immagine ha.

Immagina di avere una foto o un'immagine che ti dà noia e, indipendentemente dal valore della noia (da 1 a 10), di volerla eliminare, per sempre. Adesso immagina di poter cambiare le tue sottomodalità solo con dei semplici gesti: allontanando o avvicinando, ingrandendo o rimpicciolendo, trasformando il colore in bianco e nero e viceversa, ecc. Questo che segue è il processo che devi fare.

1. Come al solito, mettiti in un posto tranquillo dove nessuno potrà disturbarti per la prossima ora (una volta imparato il processo lo farai in molto meno tempo).

2. Usa un registratore, per registrare tutte le cose e i comandi che ti darai ad alta voce (in alternativa, ci vorrebbe qualcuno che prendesse appunti per te).

3. Rilassati profondamente per un paio di minuti. Rilassa tutti i muscoli del corpo, e anche la mente; abbassa la respirazione, abbassa la tua tonalità.

4. Comincia con una piccola immagine, senza avere fretta, qualcosa che ti dà poca noia: diciamo 1 o 2 in base alla scala che hai imparato. Scegli quell'immagine e concentrati su di essa, valla a rivivere.

5. Adesso richiama alla mente quell'immagine. Rendila forte e ben visiva davanti a te. Sforzarti di visualizzare bene l'immagine/la foto, che ti dà un po' noia.

6. Adesso comincia a testare. Allontana la foto da te (ricordati di dare i comandi ad alta voce, in modo da registrare il tutto; per esempio: «Adesso allontano la foto da me… non ci sono cambiamenti, quindi torno indietro…»). Domandati subito se è meglio o peggio: se è meglio, lasciala lì; se è peggio, oppure se non hai avvertito cambiamenti, torna indietro.

7. Continua a testare (ad alta voce, mi raccomando). Adesso avvicina la foto a te. Domandati sempre se è meglio o peggio.

Impara a fermarti in quella nuova posizione quando le sensazioni collegate alla foto migliorano. Viceversa, impara a tornare immediatamente al punto di partenza quando le sensazioni collegate alla foto peggiorano.

8. Non accontentarti di piccoli cambiamenti iniziali. Testa tutte le sottomodalità che hai, almeno quelle più importanti e cioè quelle che trovi nell'elenco di pagina 191.

9. Quando le hai testate tutte, saprai quali sono le sottomodalità critiche, quelle cioè che ti fanno fare un cambiamento. Naturalmente, lascia da parte le sottomodalità critiche negative (che ti fanno stare peggio) e concentrati solo sulle sottomodalità positive (quelle che ti fanno star meglio).

10. Apri gli occhi e riascolta la registrazione. Segui le indicazioni della tua voce e scrivi solo la sequenza dei cambiamenti positivi.

11. Fatto? Ok! Adesso registra il tutto. Per esempio: «Allontano la foto da me e sto meglio… adesso la rimpicciolisco e sto meglio… la faccio diventare un puntino e sto meglio… ecc.» Insomma, seleziona le sottomodalità critiche positive e mettile in sequenza, una dietro all'altra.

12. Adesso chiudi gli occhi nuovamente, concentrati un pochino e fai partire la registrazione con la tua voce. Segui la registrazione alla lettera e fai esattamente quello che avevi fatto prima.

13. Fatto? Bene! Se hai fatto tutto per il meglio, l'immagine e le sensazioni a essa collegate dovrebbero essere sparite. Non ti resta che verificare il tutto. Apri e chiudi gli occhi (nel momento in cui fai questa cosa è come se staccassi la spina del tuo cervello e facessi un reset).

14. Adesso torna nuovamente alla foto/immagine che ti dava noia. Verifica da 1 a 10: quanta noia ti dà ora? Se è sparita del tutto o comunque è minore di prima, vuol dire che hai fatto tutto bene e che, magari, devi ripetere l'esercizio per rafforzare i cambiamenti interni. Se invece è tutto come prima, vuol dire che hai sbagliato in qualche parte del processo. Ti consiglio di ripeterlo da capo stando bene attenta ai vari passaggi.

Puoi fare questo processo con ogni foto/immagine che ti dà noia. Una brutta immagine del passato, un vecchio amore tribolato e sofferto, la foto di una persona che ti è antipatica ecc.

Naturalmente, come ti ho già suggerito nelle pagine precedenti, comincia a farlo solo su immagini a bassissime sensazioni. Solo quando sarai diventata veramente brava, esercizio dopo esercizio, potrai avventurarti nel farlo con foto dalle sensazioni un po' più impegnative. Oppure, se non te la senti di superare un certo limite, chiama un coach della tua città, un buon coach, che abbia una discreta conoscenza delle tecniche di PNL.

La storia vera di Laura

Laura aveva poco più di quarant'anni e ricordi legati alla propria attività professionale molto brutti. In maniera particolare quelli degli ultimi due anni, passati all'interno di un'azienda lombarda abbastanza importante che, credo, all'epoca avesse oltre cinquecento dipendenti, ma che oggi probabilmente ne ha di più.

A essere sinceri, Laura non era mai stata particolarmente fortunata nelle aziende in cui aveva lavorato, complice una dote divina che si era ben presto trasformata nella sua croce: la bellezza. In effetti, Laura era molto bella. Troppo bella per passare inosservata all'interno di un ufficio. Ma siccome di uomini imbecilli (lo dice un uomo, credetemi) è pieno il mondo,

Laura aveva avuto la sfortuna di avere, per capo, un emerito imbecille che si era innamorato di lei. Non delle sue capacità e competenze, o della sua intelligenza, bensì delle sue curve.

Naturalmente, Laura aveva una propria vita privata, e aveva più volte rifiutato, con gentilezza, le avances del capo. Avances che, con il passare del tempo, erano diventate sempre più pesanti. A tutto ciò, aggiungi anche che il carattere dolce e gentile (e un po' remissivo) di Laura non le aveva mai permesso di mandare quell'uomo a quel paese, e il gioco era fatto!

All'epoca Laura scelse il part time, sperando che ciò bastasse per risolvere il problema. La sua idea era: «Lo vedo la metà del tempo, avrà meno tempo per darmi noia». Purtroppo l'idea di Laura non funzionò molto bene e le attenzioni del tipo cominciavano a rasentare forme di ossessione profonda. Ogni volta che la incontrava in ufficio non le dava scampo, e aveva anche cominciato a chiamarla a casa con scuse banali. Laura subiva e soffriva in silenzio, sino a quando, un bel giorno, ha letto un mio articolo pubblicato su un importante sito dedicato alle donne: <u>www.duepiu.net</u> e, preso coraggio, mi ha scritto un'email.

A dire la verità, le risposi anche con un po' di ritardo (vista la mole di email che ricevo ogni giorno). Ma la mia risposta piacque a Laura, che mi riscrisse altre due volte. Da quello che mi aveva raccontato mi ero fatto un quadro ben preciso e capii subito che in quella situazione vi erano gli estremi per una denuncia di mobbing; le consigliai quindi di denunciare quella persona, ma Laura non volle farlo.

Poi, un giorno, mi chiamò al telefono e nella breve telefonata le chiesi di descrivermi questo tizio e, alla fine, le domandai se ogni volta che lo vedeva si sentiva a disagio. «Un disagio terribile» mi rispose, aggiungendo: «Non hai idea di come io mi senta ogni volta che lo vedo». Allora buttai lì una cosa, tanto per farla sorridere, per tirarla un po' su di morale e le dissi: «Che ne dici se dipingiamo la sua faccia e lo facciamo diventare un pagliaccio? Così ogni volta che lo incontri, anziché sentirti a disagio scoppi a ridere». Laura restò per qualche secondo in silenzio (posso garantirti che trenta secondi di silenzio al telefono sono un'infinità) e poi disse: «Davvero saresti capace di farlo?» Ammetto che la domanda di Laura mi spiazzò. Io l'avevo detto per scherzo, lei invece l'aveva preso sul serio.

«Certo!» risposi «Però ci sono dei limiti che dovresti prendere in considerazione» «Quali limiti ci potrebbero mai essere?» mi disse «La mia vita è già un inferno! Peggio di così...» Allora, serio, le spiegai che lavorando sulle sue sottomodalità avrei potuto aiutarla a dipingere la faccia di quell'uomo come un pagliaccio e che lei, ogni volta che l'avrebbe incontrato, avrebbe potuto effettivamente scoppiare a ridere. Il pericolo era nella reazione dell'uomo, già molto autoritario, che sentendosi offeso avrebbe anche potuto licenziarla o, comunque, metterla in ulteriore difficoltà.

«Nessun problema...» mi disse «Da tempo sto valutando di andarmene. Un'eventuale sua reazione potrebbe solo farmi accelerare la decisione. Ma sarebbe una grande liberazione per me: potergli ridere in faccia!» Ci sentimmo per altre due sessioni telefoniche e capii che Laura era decisamente più sicura. Poi, dopo che aveva attentamente valutato i pro e i contro, decidemmo di fare una sessione di lavoro dal vivo.

Venne da me una domenica mattina di settembre di due anni fa. Iniziammo la sessione alle 11 e poco prima delle 13 Laura rideva di cuore nel mio studio. Prima usai la tecnica che ti ho descritto nelle pagine precedenti per attenuare le sensazioni negative legate all'immagine di quella persona, che furono così quasi annullate. Bastava poco per eliminarle del tutto ma Laura mi pregò di aiutarla a prendersi una «rivincita nei confronti di quella persona così disgustosa» (furono le testuali parole).

Allora, usando una tecnica di PNL che si chiama *swish pattern*, l'aiutai a creare dentro di sé una nuova immagine in cui vedeva se stessa ridere di fronte a quell'uomo. Per rendere l'immagine ancor più forte, le feci disegnare sul naso del nostro "amico" la classica pallina rossa da clown. Poi sostituimmo la nuova immagine con quella vecchia (la normale faccia del nostro uomo), in modo che ogni volta che Laura lo vedeva, automaticamente le tornava in mente il naso da pagliaccio… e giù risate!

Senza dirle nulla, stetti bene attento a non renderla troppo forte, in modo da evitare che quando se lo fosse ritrovato davanti potesse scoppiare letteralmente a ridere (mi preoccupavo della reazione di quel tipo poco intelligente). Feci lo *swish* un pochino più leggero: del resto bastava che Laura avesse la forza di reagire in maniera diversa alle prepotenze di quella persona. In compenso, le ancorai un po' di grinta e di determinazione, usando un colore che piaceva tanto a lei: il rosso.

La sera del lunedì seguente ricevetti una telefonata entusiasta di Laura, che mi ripeteva continuamente: «Ce l'ho fatta, Giancarlo! Ce l'ho fatta!» Facendo il finto tonto le chiesi: «Fatto cosa?» «Questa mattina è venuto alla mia postazione di lavoro e con fare prepotente mi ha gettato sulla scrivania la lettera che avevo preparato venerdì scorso, dicendomi con arroganza che faceva schifo. Io l'ho guardato negli occhi… e già mi scappava da ridere! Ad ogni modo mi sono trattenuta e gli ho detto: "Se non le va bene come faccio le lettere io se la faccia fare pure da qualcun'altra, io non mi offendo".» «E lui?» chiesi io. «Non ci crederai, ma è rimasto di stucco: non sapeva più che cosa dirmi. Si è girato ed è andato via.»

Laura aveva sempre evitato lo scontro, subendo quella persona. Quel giorno trovò la forza dentro di sé e rispose per le rime. Quell'uomo non era abituato a sentirsi contraddire, soprattutto da Laura. Nei giorni a venire riprovò altre volte a importunarla (seppure molte di meno rispetto a prima) ma ora Laura sapeva rispondere, e non si fece mai più mettere i piedi in testa.

Dopo due mesi Laura lasciò quel lavoro per entrare in società con un vecchio amico (Laura era molto brava e competente, non avevo dubbi che avrebbe trovato un'altra opportunità). Aveva imparato una lezione importante: difendere se stessa. Si era messa il passato dietro alle spalle e, finalmente, era in grado di affrontare il futuro con serenità, senza più timori di alcun genere. Credimi: nessun altro uomo avrebbe mai potuto deriderla o farle del mobbing.

Lo *swish pattern* è una tecnica un po' più complessa di quelle che ti ho descritto sino a ora. Ad ogni modo, mi preme che tu abbia capito una cosa: che la tua vita, bella o brutta, dipende da te. Se anche tu hai una situazione di mobbing, prendi coraggio da Laura e reagisci. Reagisci ora, reagisci subito, senza aspettare, e poi buttati alle spalle il passato. Oscar Wilde diceva: «Il solo fascino del passato è il fatto che è passato».

SEGRETO n. 30: vivere nel passato o nel presente dipende da te. Solamente e unicamente da te.

RIEPILOGO DEL GIORNO 4:

- SEGRETO n. 25: vivere nel passato non ti aiuterà ad affrontare il presente. Affrontalo col sorriso sulle labbra, consapevole degli insegnamenti ricevuti e lascialo scivolare dolcemente dietro le spalle.

- SEGRETO n. 26: lascia perdere il passato ed evita di guardare troppo avanti nel futuro. Concentrati e focalizzati sul presente. È in questo *oggi* che vivi, non nello *ieri* e neppure nel *domani*.

- SEGRETO n. 27: puoi eliminare immagini del passato collegate a ricordi ed emozioni spiacevoli andando a modificare le sottomodalità della stessa immagine.

- SEGRETO n. 28: chiunque sia il coach con il quale decidi di lavorare e qualsiasi sia il tuo problema, ricorda che solo le azioni che fai in prima persona possono aiutarti a risolverlo.

- SEGRETO n. 29: solitamente, avvicinare un'immagine a se stessi aumenta le sensazioni collegate all'immagine, mentre allontanarla diminuisce le stesse sensazioni.

- SEGRETO n. 30: se vivere nel passato o nel presente dipende da te. Solamente e unicamente da te.

GIORNO 5:

Formula bene i tuoi obiettivi

Sapevi che anche il tuo cervello funziona in base a obiettivi?
Proprio così. Il tuo cervello, il mio e quello di qualsiasi altra persona che sta leggendo questo ebook, funziona esclusivamente in base a obiettivi. In altre parole: a rappresentazioni interne di ciò che vuoi raggiungere.

Qualsiasi obiettivo tu voglia raggiungere, non puoi prescindere dal compiere delle azioni. E qualsiasi azione tu abbia intenzione di intraprendere, dalla più piccola alla più grande, per essere compiuta in modo efficace deve essere prima immaginata. Costruita nella tua mente. Ripeto: costruita nella tua mente.

Allora datti da fare. Impara a costruire e a visualizzare i tuoi obiettivi nella tua mente. In modo da focalizzarti su di essi e raggiungerli in tempi brevi. Ricorda che il tuo cervello non distingue tra la realtà e un obiettivo ben immaginato. Quindi, se impari ad avere una visione chiara e ben definita dei tuoi obiettivi, presto, molto presto li raggiungerai.

Io lo faccio da molti anni, ormai. Esattamente dal 1999, anno che per me ha significato una svolta importante nella mia vita, anzi, potrei dire più di una svolta:

- in quell'anno ho smesso di occuparmi principalmente di consulenza e formazione nel campo delle vendite e del marketing turistico e dei servizi;

- sempre in quell'anno, come ben sai, ho superato un infarto cerebellare (credo che si chiami *ischemia cerebrale*, con i termini medici non sono molto ferrato) scaturito da una combinazione micidiale: mutazione genetica nel sangue e stress;

- e ancora: in quell'anno, mi sono sempre più avvicinato alla Crescita Personale, sino ad apprendere i meccanismi fantastici del cervello umano e scoprire che anche il mio funzionava esclusivamente in base a obiettivi.

Da allora ho cominciato a pormene sempre di più; e mentre me li ponevo, li costruivo e li visualizzavo dentro la mia mente. E poi mi focalizzavo su di essi, sino a scoprire che facendo in questo modo ne potevo raggiungere uno e poi un altro e un altro ancora. Sino a obiettivi più grandi, sempre più grandi e più importanti.

Fidati: il tuo cervello funziona esclusivamente in base a obiettivi. Magari io lo avessi scoperto prima! Nutrilo costantemente e dagli qualcosa da raggiungere. Ti sorprenderai di scoprire quanto è potente la tua mente: una vera e propria macchina perfetta.

Conosci la differenza tra un semplice desiderio e un obiettivo? Quando siamo piccoli abbiamo tantissimi desideri e sogni nel cassetto. Tu che cosa volevi fare? Io, per esempio, ho sempre amato le divise e verso i dodici/tredici anni volevo fare il pilota di quegli elicotteri che decollano dalle portaerei. Poi, verso la prima adolescenza, mi ero innamorato di un'altra divisa, quella della polizia, e volevo fare il poliziotto delle volanti, che arrivava sulla macchina, scendeva al volo, interveniva nelle rapine e salvava la vita delle persone. Che idealista!

Crescendo, ho rinunciato alla poesia della divisa, e ho cominciato a volere diventare una persona ricca. A dire la verità, sempre per una nobile causa: aiutare i bambini poveri. Se devo essere sincero, non sono mai diventato un pilota elicotterista, non sono mai diventato un poliziotto (anche se ci sono andato vicino, dato che avevo fatto la domanda) e, al momento, non sono per nulla ricco. Anzi…

Poi, uno cresce e si accorge di aver fatto tutt'altra cosa nella vita, anche se nel mio caso mi considero una persona fortunata, molto fortunata, essendo riuscito ugualmente a fare qualcosa che mi piace e che ha attinenza con l'aiutare gli altri. Un po' perché la vita non è per nulla facile (diciamo pure che è complessa e problematica) e un po' perché tra i piccoli desideri e sogni nel cassetto di una persona e i veri e propri obiettivi esiste una forte differenza. Tu conosci la differenza che c'è tra un semplice *desiderio* e un *obiettivo*?

Ti confermo che tra il desiderare qualche cosa e volere fortemente raggiungere un obiettivo esiste qualche piccola, grande differenza. *Desiderio* è tutto quello che ti piacerebbe fare o avere, ma che per avere non sei disposta a impegnarti fino al limite delle tue possibilità, a sacrificare una parte o tutto di ciò che hai già, a mettere in discussione ciò che sei attualmente. *Obiettivo*, invece, è ciò che sei in grado di identificare, misurare e quantificare. Soprattutto, l'obiettivo è ciò che vuoi ardentemente raggiungere, ben conscia del prezzo necessario per riuscirci. Obiettivo è qualcosa che impegni tutta te stessa, ogni centimetro e ogni risorsa, per raggiungere.

Purtroppo (o per fortuna, dipende dai punti di vista) la maggior parte delle persone si ferma al semplice stadio del desiderio e non riesce ad andare più in là. Eppure, basterebbe poco, pochissimo per tramutare il semplice desiderio in un obiettivo reale e credibile: solo un po' di impegno. Solo un po' di buona volontà. Solo un po' di applicazione. Dunque: se vuoi veramente raggiungere quello che *vuoi*, devi imparare a separare i semplici desideri dagli obiettivi. Devi compiere un passo verso quel processo fondamentale per raggiungere questi ultimi. E per realizzare ciò che veramente, al di là di ogni altra cosa, vuoi. Fortemente vuoi.

Mettilo sempre per iscritto
L'inizio di ogni anno è il momento migliore per pensare e

definire quelli che saranno gli obiettivi da raggiungere nel corso dello stesso. Da parecchi anni ormai, tra fine dicembre/primi di gennaio, ho preso l'abitudine di elencare, sempre per iscritto, quelli che saranno i miei obiettivi principali per l'anno nuovo che mi appresto ad affrontare. L'ho fatto anche a inizio 2009.

Prima preparo l'elenco contenente tutti gli obiettivi messi insieme in maniera grossolana; poi passo ad analizzarli uno per uno, cercando di scrivere il maggior numero possibile di particolari per ogni obiettivo. Sai perché faccio tutto questo? Perché la visualizzazione è potente. Aiuta incredibilmente le persone a raggiungere gli obiettivi che si pongono.

Voglio farti una domanda: come si pone la stragrande maggioranza delle persone di fronte a un obiettivo? Te lo dico io: si limita a desiderarlo. Per esempio: «Vorrei una macchina nuova… mi piacerebbe incontrare un uomo interessante… vorrei trovare un nuovo posto di lavoro… mi piacerebbe diventare ricca…» e così via.

Potrei continuare a elencare un'infinità di possibili desideri che, sono convinto, appartengono anche a te. Perché la maggior parte delle persone non li realizza? Perché la maggior parte di loro si lamenta sempre, sostenendo di non riuscire a raggiungerne nessuno (o quasi)? Perché la stragrande maggioranza delle donne che si rivolge a me lo ha fatto per dei problemi che ha avuto nel corso della propria vita? La risposta è semplice e disarmante al tempo stesso: perché è priva di obiettivi definiti, misurabili e, soprattutto, visibili.

Ti spiego meglio il mio pensiero. Affermare: «Mi piacerebbe incontrare un uomo interessante» corrisponde a un obiettivo generico, che potresti realizzare dopo soli pochi mesi, un anno, cinque oppure dieci. Desiderare di *diventare ricca* è ancor più generico: potresti impiegarci tutta una vita o, addirittura, non riuscirci mai.

Quello di cui hai bisogno è tutto tranne che qualcosa di generico, bensì obiettivi formulati in positivo, ben definiti nei particolari, misurabili nei risultati e, soprattutto, visibili rappresentativamente. L'esperienza mi ha insegnato che per definire nei particolari un obiettivo, renderlo misurabile e visibile c'è un solo modo: metterlo per iscritto.

Come dice anche Giacomo Bruno nel suo splendido videocorso *Obiettivi*: «Il primo grande passo è scriverli, perché questo focalizza il tuo cervello nella direzione del tuo obiettivo e non c'è più la possibilità di dimenticarli. Il secondo passo è scriverli secondo una speciale formula e determinati parametri di concretezza e misurabilità» (vedi note bibliografiche a fine ebook). E se lo afferma lui che di obiettivi ne ha raggiunti molti nella propria vita, devi credergli.

Scrivere un obiettivo è un modo semplice e al tempo stesso efficace per renderlo forte e desiderabile nella tua mente. Più rendi forti, desiderabili e visibili gli obiettivi... più facilmente riuscirai a raggiungerli. Ciò non significa che ce la farai sempre e con estrema certezza. Significa semplicemente che la mente umana gioca un ruolo importante nel successo e nell'insuccesso di una persona. Se lo vedi, se hai ben chiaro come sia fatto e quale sia la strada migliore per arrivarci, se puoi verificarne i risultati giorno per giorno, apportando le giuste modifiche e, soprattutto, se ci credi, sono certo che anche tu, amica mia, riuscirai a raggiungere il tuo obiettivo.

SEGRETO n. 31: impara a definire nei minimi particolari il tuo obiettivo, a metterlo per iscritto e a darti dei parametri per raggiungerlo.

Prendi l'abitudine di fare come me. All'inizio di ogni anno prepara un elenco di quelli che saranno i tuoi obiettivi da raggiungere. Buttalo giù senza pensare troppo ai particolari; elenca uno dopo l'altro i vari obiettivi: da quelli più semplici ai più importanti. Poi comincia ad analizzare i singoli obiettivi; scrivi tutto quello che ti passa per la testa, anche le cose banali, e aiutati seguendo alcuni piccoli suggerimenti.

- **Definisci delle priorità.** Ci saranno degli obiettivi più importanti rispetto ad altri. Qualcosa che desideri raggiungere con tutta te stessa e che, quindi, dovranno essere perseguiti con maggiore impegno. Senza priorità corri il rischio di perderti, di desiderare di far tutto… e di scoprire alla fine di non essere riuscita a far nulla (o poco più di niente).

- **Datti delle scadenze.** Qualche obiettivo potrà essere

raggiunto in poche settimane, altri in mesi, oppure alla fine dell'anno. Ogni obiettivo deve avere un tempo e una data plausibile, entro la quale dovrai cercare di raggiungerlo (per esempio: se per laurearsi ci vogliono mediamente cinque anni è inutile che ti poni l'obiettivo di farlo in un solo anno. Ciò è impossibile anche per le tempistiche dell'università. Poniti, invece, l'obiettivo di fare un certo numero di esami l'anno e rispetta quella media).

- **Definisci degli elementi per misurare i risultati**. Metti per iscritto come si possa arrivare a quel dato obiettivo, il tipo di percorso migliore per raggiungerlo prima, se è opportuno usare un certo tipo di strumento anziché altri, se hai bisogno di aiuto, ed eventualmente a chi puoi chiederlo ecc. Misurare i risultati offre due vantaggi: ti permette di capire quando sei vicina al raggiungimento degli obiettivi e, soprattutto, di toccare con mano i risultati che hai già ottenuto, rallegrandoti con te stessa e impedendoti di demoralizzarti. Per esempio: se l'obiettivo è di tornare in forma fisica per la prossima estate, è opportuno prepararsi una scaletta con un percorso sportivo da compiere da adesso sino a giugno/luglio, con uno schema ben preciso che tenga conto di determinati miglioramenti mese per mese. In questo modo ti sarà più facile controllare i risultati. E, nel caso non dovessero essercene, il motivo potrà essere solo uno: scommettiamo che è unicamente perché non hai iniziato alcun percorso? Se fosse così, amica cara, non potresti prendertela con nessuno: la colpa sarebbe solo tua!

- **Individua degli elementi per visualizzare l'obiettivo.** Più informazioni metti per iscritto su come sia fatto il tuo obiettivo, più facilmente riuscirai a visualizzarlo e sentirlo dentro di te (più avanti ti racconterò come ha fatto un'amica a raggiungere il proprio obiettivo di diventar magra).

Non sottovalutare la mente umana: la visualizzazione delle cose è potente, aiuta e rafforza la persona a credere in positivo e, quindi, a cercare di raggiungerle. Per esempio: se il tuo obiettivo è cambiare lavoro, cerca di precisare quale lavoro vorresti fare, dove ti piacerebbe lavorare, che tipo di mansione vorresti avere, in quale città ti piacerebbe andare ecc. Metti per iscritto ogni tipo di sensazione e immagine, e torna spesso a rileggerti gli appunti, facendo iniezioni di fiducia.

Mi considero un coach serio e onesto, e quindi mi è impossibile garantirti che seguendo i miei consigli i tuoi obiettivi si materializzeranno con certezza dall'oggi al domani. Se non conosci l'inglese non ti sveglierai domani mattina parlandolo perfettamente. Se sei grassa non diventerai improvvisamente magra. Se sei senza lavoro non riceverai improvvisamente offerte faraoniche. Se sei senza un uomo non riceverai improvvisamente la visita del principe azzurro. Se sei alla ricerca dell'amore non te lo recapiteranno a casa dentro un pacco postale…

No, amica mia, non accadrà questo per magia. Tutto dipenderà dalle azioni che farai e dall'impegno che ci metterai e, anche e soprattutto, dalla tua capacità di crederci. Ti invito a leggere le biografie (o la storia) di donne importanti del mondo di oggi e di ieri, quali: Madonna, Mariuccia Prada, Madre Teresa di Calcutta, Margherita Hack, Rita Levi Montalcini, Rhonda Byrne, Hillary Clinton, Louise Hay, Wilma Rudolph (per fare dei nomi…). Scoprirai che queste donne avevano tutte qualcosa in comune: sapevano quello che volevano, come fare per ottenerlo e, infine, agivano.

Dammi retta: abituati a focalizzare i tuoi obiettivi. Dedica quattro o cinque ore al lavoro di stesura iniziale, poi torna spesso a riprendere in mano gli appunti con l'elenco dei tuoi obiettivi; correggili, aggiornali, annota i risultati conseguiti. Con il tempo ne sarai ripagata con gli interessi.

SEGRETO n. 32: se vuoi raggiungere il tuo obiettivo definisci le priorità, datti delle scadenze, definisci gli elementi per misurare i risultati e comincia a visualizzarlo.

Esprimi il tuo obiettivo in maniera positiva e in termini di risultato

Un buon coach, soprattutto un buon coach esperto di Programmazione Neuro-Linguistica, lavorando con te ti aiuterebbe a esprimere il tuo obiettivo in maniera positiva. Inizia il lavoro sugli obiettivi rivolgendoti una domanda fondamentale: *Che cosa vuoi?* Abituarsi a esprimere gli obiettivi in positivo è molto importante. Troppa gente formula male i propri obiettivi, inserendoci dentro una negazione. Per esempio, questi sono degli obiettivi formulati da alcune mie clienti:

- non voglio più essere grassa;

- non voglio più vivere in questa brutta casa;
- non voglio più restare sola.

Noti la negazione *non* nella formulazione degli obiettivi? Tu devi assolutamente evitarlo, e devi esprimere i tuoi progetti senza utilizzare negazioni. Questi sono obiettivi che in Programmazione Neuro-Linguistica sono definiti *mal formulati* perché contengono la negazione *non*, che ne compromette seriamente l'efficacia.

Seguimi con attenzione e prova a non pensare a un cavallo bianco con una macchia nera a forma di stella sulla testa, che in questo momento è fuori dalla tua finestra. Cosa ti è successo? Scommettiamo che ci hai pensato? Questo perché dire: «Non pensare a qualcosa…» fa sì che l'attenzione si sposti proprio su quel qualcosa a cui si vuole evitare di pensare. Pertanto, affinché un obiettivo sia formulato in modo efficace, **deve sempre essere espresso in positivo**. Ad esempio: gli obiettivi di prima possiamo farli diventare:

- voglio diventare magra come un grissino;
- voglio comprarmi una casa più bella;
- voglio trovare un uomo che mi piaccia.

In questo modo avresti già fatto un gran passo avanti, modificando i tuoi obiettivi da *negativi* in *positivi*, anche se in PNL è importante che l'obiettivo sia formulato oltre che in maniera positiva anche in termini di risultati da ottenere. Questo ti consente di focalizzare la situazione desiderata e di verificare, in seguito, che gli obiettivi siano stati effettivamente raggiunti. Devi imparare a descrivere un *risultato* anziché un *processo*.

Continuando: io, ad esempio, ho aiutato le mie clienti a ridefinire gli stessi obiettivi di sopra in:

- voglio diventare magra e pesare solo 55 kg entro i prossimi sei mesi, dimagrendo di 1 kg ogni mese;

- voglio comprarmi una casa in collina, che abbia una vista sul mare e un pezzetto di giardino per tenerci un cane;

- voglio trovare un uomo tra i trenta e i quarant'anni, cui piaccia la montagna e che sia sportivo.

Quando formuli un obiettivo, questo deve essere il più specifico e dettagliato possibile. Ricordati che devi descrivere un risultato e consentire alla tua mente di visualizzarlo in anticipo, usando tutti e cinque i sensi, in modo da sentirlo concretamente realizzabile e, in alcuni casi, addirittura già acquisito.

Per esempio, prendiamo il primo obiettivo, classico e valido per molte donne. Se affermi: «Voglio diventare magra come un grissino» stai esprimendo il tuo obiettivo solo in termini di *processo*. Diventare magra, sì, ma come? Di quanti chili in meno? Oppure: con quanti centimetri sul punto-vita? E ancora: in quanto tempo? Ecco lo stesso obiettivo formulato in termini di *risultato*: «Voglio dimagrire e pesare solo 55 kg entro i prossimi sei mesi, dimagrendo di 1 kg ogni mese.» Meglio ancora, sarebbe: «Sono magra e peso solo 55 kg. Nei prossimi sei mesi io dimagrirò di 1 kg ogni mese.»

In questo modo hai espresso l'obiettivo in prima persona, al presente indicativo e attraverso un'azione ben definita. L'obiettivo è quantificato in *1 kg ogni mese*, ed è quindi misurabile (1 kg al mese per sei mesi = dimagrire di 6 kg). Inoltre, l'indicazione di una scadenza temporale porta alla pianificazione di una serie di passaggi che consentiranno di verificare in un momento ben individuato della tua vita (e non in un futuro vago e imprecisato) se l'obiettivo sia stato raggiunto o no. È dunque di vitale importanza sapere quando l'obiettivo sarà raggiunto. Formulare un obiettivo in termini di risultato significa anche stabilire i criteri di misurazione dei tuoi progressi: in base a questi criteri, saprai se, e in quale misura, hai raggiunto l'obiettivo.

SEGRETO n. 33: quando formuli un obiettivo, questo deve essere il più specifico e dettagliato possibile. Ricordati che devi descrivere un risultato.

Il problema di molte delle donne che si sono rivolte a me? Mancavano della capacità di focalizzarsi sui propri obiettivi. Hai già letto di esempi di donne dispersive, spesso prive di senso pratico. A parte il fatto di essere dispersive (forse è proprio una caratteristica femminile), ho notato che oltre a essere più fragili, oltre ad avere una minor autostima, queste donne avevano anche una scarsa capacità di focalizzarsi sui propri obiettivi.

Nella mia esperienza ho incontrato veramente poche donne capaci di non farsi distrarre da ciò che accadeva intorno a loro e di concentrarsi esclusivamente sull'obiettivo che volevano raggiungere. Probabilmente, ciò è dovuto anche alla particolare situazione in cui vive la stragrande maggioranza delle donne: prese da mille problemi quotidiani, dal mandar avanti una casa, la famiglia, accudire e crescere i figli ecc. In molti casi, poi, si aggiunge anche l'incombenza del lavoro: un lavoro nel lavoro.

Da questo punto di vista, noi uomini dobbiamo essere onesti e ammettere che la pressione sopportata dalle donne è oggettivamente maggiore rispetto a quella che sopportiamo noi. In fin dei conti, molti di noi hanno un solo grande impegno: provvedere alle necessità economiche della famiglia e fare carriera. Quindi, possiamo focalizzarci meglio sugli obiettivi che vogliamo raggiungere.

Indipendentemente da tutto, dalla capacità o meno di essere impegnati e di gestire la pressione e lo stress (io ne so qualcosa), ho sempre pensato che un uomo o una donna senza obiettivi sono un po' come uno splendido veliero alla deriva, privo del suo comandante che legge le carte nautiche, scruta le stelle, guarda la bussola e traccia la rotta.

Proprio per questo motivo ho deciso di scrivere un Giorno intero sugli obiettivi e aiutare tutte le donne che avranno la possibilità di leggere questo ebook. Mi farebbe piacere aiutarle a darsi sin da giovani degli obiettivi ben formulati. Naturalmente, le indicazioni sono valide anche per le signore un po' più mature, dato che, in particolar modo, in questo ebook ho raccontato storie di donne tra i trenta e i cinquant'anni.

Ma se è importante *darsi* degli obiettivi ben formulati, ancor di più è imparare a *focalizzare* gli obiettivi. La mancanza di focalizzazione, in altre parole la capacità di concentrarsi sulle priorità, è il motivo principale che impedisce a molte donne di raggiungere i propri obiettivi.

La focalizzazione è fondamentale perché ti permette di concentrarti solo e unicamente sulle cose che ti interessano veramente, evitando di farti perdere del tempo in obiettivi secondari o, in ogni caso, di minima importanza. Ma che cosa è la focalizzazione? Nella lingua italiana *focalizzare* significa *mettere a fuoco i termini del problema*.

Dunque, la **focalizzazione** è la capacità che ti permette di concentrare la tua attenzione su un elemento ben specifico, che potrebbe essere la soluzione di un problema ma anche un obiettivo. Questo elemento sul quale concentri la tua attenzione è chiamato *focus*.

Cara amica che leggi, imparare a focalizzare la mente su quello che desideri realizzare sarà decisivo nel raggiungimento o meno dei tuoi obiettivi. Più sarai focalizzata e più avrai probabilità di fare centro. Per focalizzarti bene su qualcosa devi concentrarti e, paradossalmente, più ti concentri su di una cosa, più la focalizzi dentro di te. Capisco che tu possa essere "distratta" da tutti gli impegni a cui ho accennato prima, ma se vuoi raggiungere i tuoi obiettivi devi imparare a focalizzarti.

Spesso la mancanza di risultati è causata proprio da una mancanza di focalizzazione. Viviamo in un mondo, in una società, in cui la maggior parte delle persone non sa quello che vuole e questo comporta il non raggiungimento dei suoi obiettivi. Nelle prossime pagine ti racconterò la simpatica storia di Lisa, una splendida signora di quarant'anni un po' paffutella, che non voleva più ingrassare, e ti renderai subito conto di cosa signifìchi la frase «Non sapere quello che si vuole».

SEGRETO n. 34: la capacità di focalizzare gli obiettivi determinerà il tuo futuro. Più sarai capace di focalizzare e concentrare la tua attenzione su quello che *vuoi* (e non su quello che *non vuoi*), più spingerai la tua mente nella giusta direzione.

La storia vera di Lisa

«Paffuta, in carne e grassa»: queste furono le prime parole che mi disse Lisa il giorno in cui venne a trovarmi a Marina di Carrara, nel mio studio. Lisa veniva dalla punta estrema della Liguria (quasi al confine con la Francia) e aveva fatto parecchi chilometri per venire da me. Ero onorato e, al tempo stesso, mi sentivo responsabile, perché quella donna confidava in me ed era venuta da molto lontano. Da come parlava non mi era ancora chiaro se Lisa mi avesse preso per un mago. Ad ogni modo, lo avrei scoperto quella stessa mattina.

Lisa aveva quasi quarant'anni e qualche chilo di troppo per la sua altezza (pesava circa 63 kg). In compenso aveva un gran bel viso e due occhioni stupendi che sorridevano continuamente. Ricordo bene il primo incontro: eravamo all'inizio di due estati or sono, credo fossero gli ultimi giorni di maggio o i primissimi di giugno. Mi chiese se potevo incontrarla di domenica, dato che lavorava tutta la settimana e veniva da lontano. Naturalmente acconsentii. Venne da me la domenica successiva e, nemmeno il tempo di presentarsi, esordì dicendo: «Io so bene quello che voglio: non voglio più ingrassare.»

La guardai dritta negli occhi, sorrisi e le dissi: «Semplice: non deve far altro che smettere di mangiare e mettersi a dieta.» Poi aggiunsi: «Come mai è venuta da me?» Notai che ci rimase un po' male (mi rendo conto che talvolta la mia ironia può sembrare troppo invadente), pertanto precisai al volo: «Stia tranquilla e mi dica… come posso aiutarla?»

Lisa si aprì, e nella mezzora successiva mi raccontò che aveva provato almeno una decina di diete diverse «senza mai riuscire a dimagrire» furono le sue testuali parole. «Anzi» aggiunse «per la precisione dimagrisco ma poi riprendo tutto il peso perso nel giro di una, due settimane. La prego, mi aiuti lei… non so più che cosa fare. Mi hanno parlato bene di lei, mi hanno detto che può aiutarmi a migliorare la mia volontà. Può farlo?»

«Diciamo che posso provarci, ma io non sono un dietologo o un nutrizionista» precisai. «Lo so» disse Lisa, e aggiunse, mostrandomi una pila di fogli: «ho già le mie diete. Voglio solo che lei mi aiuti a raggiungere il mio obiettivo di non ingrassare più.» Lisa ripeté due volte la frase finale: «Non voglio più ingrassare». A quel punto mi si accese una lampadina: quella donna non poteva raggiungere alcun obiettivo, perché continuava a ripeterselo in forma negativa. Probabilmente il suo problema era tutto lì!

«Bene…» dissi a Lisa «quando vuole cominciare a lavorare sulla sua linguistica?» Lei mi guardò con i suoi occhioni e ripeté: «Linguistica? Io sono qui per non ingrassare più!» «Appunto» dissi io «lei è qui per non ingrassare più, giusto?» «Giusto…» ripeté Lisa, senza rendersi ancora conto di cosa significasse lavorare sul proprio modo di parlare e, soprattutto, sul proprio modo di parlarsi. «Allora dobbiamo lavorare sulla sua linguistica» confermai, prendendo l'agenda e fissando il nuovo appuntamento. Cominciammo a lavorare sulla sua linguistica la settimana successiva.

Le tre regole fondamentali del cervello umano

La prima cosa che feci fu quella di spiegare a Lisa il funzionamento del suo cervello, guidato per la maggior parte delle volte dalla parte inconscia. Volevo che lei diventasse in breve tempo consapevole di quello che, inconsciamente, faceva il suo cervello ogni volta che si ripeteva certe frasi. Le raccontai che la mente umana aveva inventato il computer a propria immagine e somiglianza.

«Il tuo cervello» le dissi «è un sistema binario, proprio come quello del computer. Vuol dire che anche il tuo cervello ha bisogno di continue istruzioni, ovvero di essere programmato per funzionare bene.» Poi le posi un quesito: «Prova a pensare per un solo istante a come funzionerà se gli dai delle istruzioni sbagliate.» «Non lo so» rispose «presumo male!» «Proprio così!» aggiunsi al volo, e proseguii: «Ci sono tre cose che devi tenere bene in mente quando dai istruzioni al tuo cervello, o meglio, al tuo inconscio, dato che è lui che ti aiuta a raggiungere l'obiettivo e dimagrire per sempre o che ti mette i bastoni tra le ruote:

1. l'inconscio è letterale;

2. non riconosce la negazione *non*;

3. non distingue tra realtà e fantasia.»

Vediamo meglio punto per punto.

L'inconscio è letterale

Quando affermo che *il tuo inconscio è letterale* intendo dire che prende alla lettera ogni parola o pensiero che gli rivolgi. Esso, il tuo inconscio, non si mette a fare calcoli o ad avanzare teorie e proposte, ma prende le cose esattamente come gliele dici. Lo fa nel modo più semplice e disarmante che conosce: ogni comando o suggerimento che tu gli dai, lui lo prende alla lettera e lo esegue, senza metterlo minimamente in discussione. Il tuo cervello, come quello di Lisa, è una macchina perfetta, e come le macchine perfette, esegue alla lettera ogni tuo comando, ogni comando che arriva dall'inconscio. Il tuo cervello non mette in discussione le istruzioni che gli dai, semplicemente perché non è in grado di analizzarle, valutarle, ponderarle. Quindi, fai attenzione a quando ti parli, a quando pensi, a quando avanzi considerazioni su te stessa: ogni parola che dici e ogni pensiero che hai vengono recepiti come istruzioni dal tuo cervello, che, credimi, farà del suo meglio per eseguirle alla perfezione.

L'inconscio non riconosce la negazione *non*

Il tuo inconscio non riconosce la negazione *non* nella quasi totalità dei casi, anche se ci sono delle eccezioni. Soprattutto quando le negazioni sono interne e vanno a lavorare sulle tue credenze/convinzioni, oppure quando vanno a lavorare sulle credenze degli altri esseri umani. Purtroppo, in quel caso, il cervello prende alla lettera i comandi e le negazioni ne escono rafforzate.

Ritornando all'esempio di Lisa, le dissi: «Prendiamo, ad esempio, quello che ti ripeti in continuazione. Se continui a dirti che *non vuoi più ingrassare*, la negazione *non* viene ignorata e il tuo cervello fa esattamente quello che gli hai appena detto di *non* voler fare, ovvero: ingrassare.» Vidi la sua faccia farsi improvvisamente seria e pensierosa. Lisa cominciava a rendersi conto di quanti comandi in forma negativa si era ripetuta sino a quel momento.

«Caspita!» disse «Me lo ripeto da oltre tre anni, da quando ho cominciato a fare le diete. Adesso capisco perché non funzionavano. Pensa che ne ho cambiate più di dieci, convinta che fossero le diete a essere sbagliate!» «Cara Lisa,» intervenni «adesso che hai capito il perché le tue diete non funzionano, comincia a cambiare la tua linguistica, a darti dei comandi in forma positiva. Ricorda che le istruzioni al tuo cervello devono essere sempre inviate in forma positiva!»

L'inconscio non distingue tra realtà e fantasia

«Infine» dissi a Lisa «il tuo inconscio non distingue tra realtà e fantasia. Devi sapere che per il cervello pensare e fare sono la stessa cosa. Quindi, comincia sin da subito a creare tutte le sere, prima di addormentarti, una bellissima immagine di come vuoi che sia Lisa. Addormentati con la Lisa dei tuoi sogni. Come vuoi che sia?» Le chiesi. «Mi piacerebbe essere magra e pesare sui 52/53 kg.» Aggiunse lei. «Bene! Allora comincia a costruire una bella immagine della Lisa che ti piace e poi goditela tutte le sere, prima di addormentarti. E, naturalmente, comincia a fare tutta una serie di azioni che possono aiutarti a dimagrire, come migliorare la linguistica, usare una delle diete e mangiare in maniera equilibrata, andare in palestra o in piscina, fare movimento ecc. Mentre fai azioni pratiche il tuo cervello comincia a visualizzare, sera dopo sera, con costanza e ripetizione, l'immagine della nuova Lisa che hai costruito e finisce per confondere la realtà e fantasia, aiutandoti a raggiungere il tuo obiettivo.»

San Francesco d'Assisi, il mio santo preferito, diceva: «Fratello, sorella, fai attenzione a come pensi e a come parli perché potrebbe trasformarsi nella profezia della tua vita.»

SEGRETO n. 35: esprimere un obiettivo in forma negativa può pregiudicare il raggiungimento dello stesso. Il cervello, infatti, non riconosce la negazione *non*. Quindi, è sempre meglio darsi obiettivi in positivo.

Lisa fece con me solo sei sessioni di coaching in totale. Le quattro sessioni iniziali (molto ravvicinate tra loro), più una quinta di supporto quando raggiunse il primo obiettivo, e una sesta di supporto quando raggiunse il secondo e ultimo obiettivo. Venendo lei da fuori regione, decidemmo in comune accordo di lavorare molto col telefono. Del resto, una volta stabilito il programma da fare, Lisa poteva tranquillamente seguirlo da sola: aveva solo bisogno di un supporto ogni tanto.

Insegnai a Lisa a riformulare il suo primo obiettivo, che diventò da «Non voglio più ingrassare» a «Io dimagrisco 5 kg nei prossimi 3 mesi, sino a pesare 58 kg». In realtà, raggiunse il suo primo obiettivo dopo tre mesi e mezzo, sforando di poco dalla tabella di marcia. Appena lo ebbe raggiunto, lavorò per mantenere quel peso per almeno un mese, in modo da renderlo stabile e creare una nuova abitudine dentro se stessa. Poi sviluppò un secondo obiettivo, che la portò ai 53 kg desiderati. Per raggiungere il secondo obiettivo impiegò più tempo: ci vollero quasi cinque mesi, e alla fine, pesava 53 kg e 200 grammi.

Mi risulta che Lisa abbia mantenuto, costante nel tempo, il proprio tanto sospirato peso forma, arrivando a un massimo di 54 kg e 100 grammi. Quale dieta in particolare usò? Forse quella di una sua amica dietologa. Ad ogni modo, era una qualsiasi delle dieci che possedeva. Quello che contava veramente è che aveva cambiato il modo di "darsi i comandi" interni. Aveva modificato la propria linguistica e inviava al proprio inconscio comandi in forma positiva.

Analisi della strategia di Lisa in 5 passi

Ed eccoci ad analizzare insieme la strategia in 5 passi che ha aiutato Lisa a raggiungere il proprio peso forma.

1. La prima cosa che Lisa fece fu quella di prendere conoscenza dei meccanismi del proprio cervello. Mi ricordo che le diedi uno dei miei ebook e che se lo studiò tutto nel giro di un week-end. Quando tornò da me conosceva tutto quello che doveva conoscere sul cervello.

2. In secondo luogo, cominciò a modificare la propria linguistica. Non fu facile, anche se trovò un grande aiuto in un gioco banale che le feci fare: le chiesi di comprare un piccolo salvadanaio di coccio. Ogni volta che si fosse accorta di usare un'espressione in forma negativa, come *Non voglio più ingrassare* o *Non voglio tornare tardi*, si sarebbe dovuta auto-punire di 1 euro, e mettere una moneta dentro al salvadanaio. Alla terza sessione, dopo circa tre settimane dal

nostro primo incontro, si portò dietro il salvadanaio: era pieno e pesava come un macigno. Mi sorrise e disse: «Certo che mi costa questo coaching!». Un banale espediente aveva funzionato alla grande!

3. Tutte le sere, per tutto il periodo preso in esame, Lisa si addormentò con la bellissima immagine nuova di sé. Nella sua immaginazione aveva creato, sin nei minimi particolari, una *Lisa in perfetta forma* e tutte le sere, prima di chiudere gli occhi, si focalizzava un paio di minuti sull'immagine e diceva: «Io sono così, bella e in perfetta forma, peso solo 53 kg».

4. Naturalmente, cominciò anche la tanto sospirata dieta. Credo di ricordare che scelse quella che le preparò un anno prima una dietologa sua amica, e cominciò a metterla in pratica fedelmente, senza sgarrare sugli alimenti. Insieme alla dieta si iscrisse in piscina per un corso di acquagym e ci andò, regolarmente, due volte alla settimana per tutto il periodo.

5. Anche nel caso di Lisa lo step più importante fu il quinto: aveva agito. Ma, cosa ancora più importante, Lisa si rese conto e mi confessò che per la prima volta in vita sua aveva portato a termine le cose in cui si era impegnata,

migliorando, oltre che la propria silhouette, anche il proprio carattere.

Impara a sognare il tuo obiettivo o la soluzione del tuo problema. Creare il futuro significa sognarlo e agire per la sua realizzazione. La tua visione del futuro è senza ombra di dubbio il fattore più importante per la sua realizzazione. Come diceva san Francesco d'Assisi, la vita può essere davvero una profezia autorealizzante.

Se sei convinta di riuscire a raggiungere un obiettivo o di superare un problema, hai molte probabilità di farlo. Se invece pensi di non esserne capace, ne avrai presto la conferma. Tutto ha inizio con un atto di fede. Fede di poter raggiungere un obiettivo, fede di poter superare un problema, fede di poter superare una malattia, fede di poter trovare l'uomo della tua vita. Anche il raggiungimento di un sogno, di un obiettivo, è un atto di fede.

L'effetto placebo

Il tuo sistema di convinzioni e credenze non è solo una condizione mentale. È molto di più: una vera realtà fisiologica. Nelle ricerche sull'effetto placebo è stato provato che le convinzioni delle persone, quindi anche le tue, possono assumere vere e proprie valenze biologiche, facendo improvvisamente aumentare le cellule immunitarie e, di conseguenza, far star meglio la persona.

Ci sono casi in cui l'effetto placebo ha dato dei risultati straordinari. Casi in cui le persone erano convinte che, assumendo un certo tipo di farmaco (che non conteneva alcun principio attivo, ma sviluppava solamente l'effetto placebo) si sarebbero sentite meglio. E dopo aver assunto quel farmaco, lo sono state realmente. Casi che sono andati oltre ogni risposta logica e scientifica.

Dunque, puoi imparare a sognare di raggiungere un obiettivo? La risposta è: sì! Perché, come l'effetto placebo funziona in medicina (casi sull'effetto placebo ne esistono a migliaia), puoi creare nella tua mente un processo di autoconvinzione che ti porta, giorno dopo giorno, a costruire il tuo sogno e, di riflesso, a raggiungere il tuo obiettivo. E, se al posto di un obiettivo hai la necessità di risolvere un problema, puoi usare la stessa strategia e imparare a sognare di aver risolto il tuo problema. Io l'ho fatto più di una volta: ho costruito dentro di me un sogno e ho lasciato che il mio inconscio lavorasse per me.

Ricorda sempre come lavora la Legge di Attrazione: più ti concentri su qualcosa che vuoi, che desideri fortemente, e più questa cosa diventa vicina, concreta e realizzabile. Quindi: impara a concentrarti sulla soluzione di un problema o sul raggiungimento di un obiettivo e, come per magia, riuscirai ad attrarre verso di te proprio la soluzione a quel dato problema. Naturalmente, evita di pensare che basti "sognare" di attrarre verso te stessa le cose belle. Cara amica, devi lavorare e creare azioni concrete per ottenerle! Devi, insomma, creare i giusti presupposti.

La casa dei sogni: l'emisfero destro del cervello

Se riesci a migliorare i tuoi sogni, a renderli reali attraverso i cinque sensi, migliori con certezza la tua capacità di dar loro vita. Sognare non è un'attività dell'emisfero sinistro, deputato alla logica e alla razionalità, bensì dell'emisfero destro, sede dell'inconscio.

Purtroppo, nella società in cui viviamo, sognare non è un atto incoraggiato da alcuna parte: né dalla famiglia, né dalla scuola e neppure dalla società. Sembra quasi che sognare sia una forma di eresia, di peccato mortale. Invece, bisognerebbe aiutare e stimolare i giovani a sognare di più.

I sogni si avverano, anche quelli che consideriamo impossibili
Attraverso il sogno si possono realizzare moltissimi obiettivi, costruendoli, prima ancora che nella realtà, nella propria mente. Ricorda che i sogni si avverano, anche quelli che spesso consideri impossibili. Devi solo alimentarli continuamente con le tue credenze e convinzioni positive. Come dicevo prima: devi costruire, giorno dopo giorno, i presupposti per raggiungerli. Poniti queste domande:

1. era solo un sogno volare?
2. era solo un sogno la corrente elettrica?
3. era solo un sogno andare sulla Luna?
4. era solo un sogno trapiantare un cuore?
5. era solo un sogno abbattere la barriera dei dieci secondi nei cento metri?
6. ancora (dato che sei donna e questo punto ti starà

sicuramente a cuore): era un sogno l'emancipazione femminile?

7. era un sogno un presidente statunitense di colore?

Tutte le risposte a queste domande sono un banale: no, non erano solo sogni. Qualcuno ci ha creduto veramente e li ha fatti diventare realtà. Jules Verne diceva: «Qualunque cosa un uomo possa immaginare, altri uomini riescono a realizzarla.»

E adesso rispondi a queste due domande:

1. l'obiettivo che ti sei appena posto è solo un sogno?

2. il problema che hai da risolvere è impossibile?

Scommettiamo che la risposta è **no** a entrambe le domande? E scommettiamo ancora che, se lo alimenti ogni giorno, credendoci e facendo azioni pratiche per raggiungerlo, presto, molto presto il tuo obiettivo non sarà più solamente un sogno? E scommettiamo che se agisci, se compi delle azioni concrete, facendo piccoli passi in avanti, riesci a risolvere il tuo problema?

Fai come faccio io: impara a sognare il tuo obiettivo, a costruirlo nella tua mente e presto lo raggiungerai.

Esercizio

Qual è il tuo obiettivo? Sei capace di visualizzarlo mentalmente? Provaci subito, fallo ora, qui, con me. Leggi attentamente i passaggi e poi chiudi gli occhi e prova l'esercizio:

1. chiudi gli occhi e comincia a visualizzare l'obiettivo che desideri;

2. costruisci una bella immagine a colori, rendila luminosa, grande;

3. usa e testa tutte le sottomodalità descritte a pagina 191 e cerca di aumentare al massimo le intensità positive che l'immagine ti trasferisce;

4. fatto? Bene. Adesso ricordati di farlo questa sera quando vai a letto: prima di addormentarti richiama alla mente la tua nuova immagine e visualizzala per almeno un paio di minuti;

5. accompagna una frase che descriva l'immagine. Usa sempre la prima persona, il presente indicativo e descrivi l'azione che vuoi che accada;

6. fallo tutte le sere, sino a quando non avrai raggiunto il tuo obiettivo.

Esercizio

Voglio che tu prenda carta e penna e che ti prepari a fare il più banale e utile esercizio della tua vita. Il più banale perché non ti sembrerà un granché; il più utile perché, se lo farai tutti i giorni, per almeno i prossimi trenta giorni, creerà dentro di te una nuova e potente abitudine, che nel tempo si dimostrerà vincente.

Prese carta e penna? Ok, ora concentrati bene sui tre obiettivi. Sono convinto che ne avresti molti di più, ma tu devi concentrarti solo e unicamente sui tre obiettivi più importanti che pensi di poter raggiungere da qui alla fine dell'anno.

Facciamo un esempio: se desideri laurearti, ma per poterlo fare ti ci vogliono almeno altri due anni, accantona per il momento quell'obiettivo, a meno che tu non faccia diventare obiettivo il dare un certo numero di esami entro la fine dell'anno. Altrimenti, voglio che cerchi meglio e che ti focalizzi solo su qualcosa che puoi ottenere nei prossimi dodici mesi. Cosa desideri che puoi avere/realizzare quest'anno?

Segui questa scaletta:

1. **definisci per iscritto i tuoi tre obiettivi** (dettaglia più che puoi i tuoi obiettivi);

2. **fallo usando la prima persona e il presente indicativo** (per esempio: in questo quadrimestre dimagrisco 5 kg e a maggio peserò 55 kg; in questi quattro mesi leggo trenta libri e divento il coach più ricercato nel settore dell'autostima; in questi tre mesi studio la psicologia cognitiva comportamentale e prendo 30 all'esame; studio il bando del concorso, partecipo alla selezione e la supero prendendo il voto massimo);

3. **adesso scrivi di tuo pugno i tre obiettivi tutti i giorni, per almeno i prossimi trenta giorni** (ogni giorno riscrivi da capo i tuoi tre obiettivi su un quaderno e, per non sbagliarti, riporta la data);

4. **ogni giorno fai una piccola azione in direzione dei tuoi tre obiettivi** (qualsiasi azione va bene, anche piccola o piccolissima: l'importante è che tu agisca).

Analizza con me il processo che andrai a compiere:

- per prima cosa, devi focalizzarti su tre obiettivi e metterli per iscritto;

- nota che devi sempre compiere un azione per raggiungere il tuo obiettivo; tale azione è in forma presente e indica un risultato acquisito;

- devi scrivere i tre obiettivi di tuo pugno per almeno trenta giorni di seguito;

- tutto questo farà in modo che la tua mente sia focalizzata al massimo sui tre obiettivi;

- lo scrivere ripetutamente i tuoi obiettivi farà in modo che anche il tuo inconscio acquisisca, giorno dopo giorno, la consapevolezza che intendi raggiungerli;

- infine, fare anche delle piccole azioni quotidiane, oltre ad avvicinarti giorno dopo giorno ai tuoi obiettivi, ti aiuterà a creare una nuova abitudine dentro di te, volta all'azione. E l'abitudine dell'**agire** è la più importante che tu possa acquisire.

Metti subito in pratica l'esercizio e, se vuoi, fammi sapere come procede il raggiungimento dei tuoi obiettivi.

RIEPILOGO DEL GIORNO 5:

- SEGRETO n. 31: impara a definire nei minimi particolari il tuo obiettivo, a metterlo per iscritto e a darti dei parametri per raggiungerlo.

- SEGRETO n. 32: se vuoi raggiungere il tuo obiettivo definisci le priorità, datti delle scadenze, definisci gli elementi per misurare i risultati e comincia a visualizzarlo.

- SEGRETO n. 33: quando formuli un obiettivo, questo deve essere il più specifico e dettagliato possibile. Ricordati che devi descrivere un risultato.

- SEGRETO n. 34: la capacità di focalizzare gli obiettivi determinerà il tuo futuro. Più sarai capace di focalizzare e concentrare la tua attenzione su quello che *vuoi* (e non su quello che *non vuoi*), più spingerai la tua mente nella giusta direzione.

- SEGRETO n. 35: esprimere un obiettivo in forma negativa può pregiudicare il raggiungimento dello stesso. Il cervello, infatti, non riconosce la negazione *non*. Quindi, è sempre meglio darsi obiettivi in positivo.

GIORNO 6:

Un piccolo passo avanti

Una sera di molti anni fa (avevo appena finito il servizio militare e avevo poco più di venti anni) ero a cena con degli amici. Tra noi c'era Giorgio, un carissimo amico di allora come di oggi, cui piaceva mangiar bene e in maniera abbondante. Quando il cameriere arrivò, tutti noi ordinammo un antipasto e la classica pizza, ma Giorgio no. Prese il menù e cominciò a fare l'elenco delle cose che gradiva assaggiare e alla fine credo che le portate solo per lui furono sei o sette.

Mentre lo guardavo mangiare con gusto, mi venne spontaneo fargli questa domanda: «Dimmi un po', ma come fai a mangiare tutto?» Giorgio mi guardò, fece un gran sorriso e, con fare candido, continuando tranquillamente a mangiare, disse semplicemente: «È logico: una cosa alla volta!» Gli anni passarono, persi di vista Giorgio e, soprattutto, dimenticai quella frase. Sino a quando…

Era appena finito il 2000. Me lo ricordo bene perché l'anno precedente e lo stesso 2000 furono due anni infausti per me. Durante uno dei miei seminari motivazionali in Versilia, alla domanda di un signore in prima fila che mi chiedeva come fosse possibile raggiungere un grande obiettivo, risposi d'impeto, senza pensarci sopra un solo minuto: «È logico: un passo alla volta.»

L'inconscio aveva lavorato dentro di me per tutti quegli anni, e alla prima occasione mi aveva fatto trovare pronta la risposta. Se hai un obiettivo da raggiungere, un problema da risolvere o un desiderio da realizzare, se cerchi di affrontarlo di petto e risolverlo tutto insieme, ti sembrerà enorme, impossibile, irraggiungibile.

Molto meglio dividere il problema in piccole parti, e ancora: dividere l'obiettivo in piccoli obiettivi e fare tanti piccoli passi verso la soluzione del tuo problema o il raggiungimento del tuo obiettivo. Devi sapere che fare un piccolo passo in avanti ogni giorno, solo un piccolo passo in avanti, è molto meglio che cercare di prendere di petto il problema o l'obiettivo.

Per esempio: se vuoi laurearti, ti è difficile pensare all'obiettivo complessivo in sé, soprattutto se sei all'inizio. Molto meglio fare in questo modo:

1. **stabilisci un periodo credibile in cui ti vuoi laureare** (quattro/cinque anni sono credibili, un solo anno è poco credibile);

2. **domandati quanti esami vuoi dare in un anno** (cinque o sei esami sono credibili, dodici esami in un anno sono poco credibili);

3. **adesso definisci quali azioni pratiche devi fare ed elabora un programma dettagliato anno per anno** (e ricorda: senza le azioni tutto il resto sarà nullo).

Fatto? Ok. Quale sarà dunque il tuo prossimo obiettivo? Laurearti tra quattro anni? No, il tuo prossimo obiettivo sarà, ad esempio, l'esame x fra tre mesi. Dopo che avrai superato questo esame, quale sarà il tuo prossimo obiettivo? Semplice: il secondo esame della lista. E così via. In questo modo hai preso un grande obiettivo proiettato nel tempo (ben quattro anni) e lo hai diviso in sotto-obiettivi più corti. Un grande vantaggio per il tuo cervello, che potrà nutrirsi di piccoli obiettivi raggiunti nel breve periodo e alimentarsi continuamente di nuova energia.

Un solo unico passo da gigante sarebbe stato difficile, se non impossibile, e la mancanza di risultati ben presto ti avrebbe portato alla frustrazione. Scoraggiandoti al tal punto da farti mollare tutto (cosa molto più probabile di quanto tu possa pensare). Invece, una serie di piccoli passi ti porterà lontano, molto lontano. In questo caso alla tua desiderata laurea.

Adesso pensa a un problema che hai. Fatto? Bene, qualsiasi problema tu abbia, di qualsiasi entità, natura e consistenza, lo puoi dividere in problemi più piccoli e affrontarlo poco alla volta, un passo alla volta. Un problema più piccolo è molto più facile da affrontare e da risolvere. Una volta che hai "fatto a pezzi" il tuo problema, prendi il primo pezzo e concentrati su come trovargli una soluzione. Focalizzati solo e unicamente sulla soluzione. Ricorda che se ti concentri sul problema difficilmente lo risolverai: otterrai solo di ingigantirlo, di farlo diventare ancora più forte e, così facendo, entrerai in uno stato di sconforto profondo, ti sentirai sola e inutile e ripeterai continuamente a te stessa: «Come sono sfortunata...» Ti offro una soluzione: metti il problema per iscritto e prova a cercare almeno tre soluzioni allo stesso. Sai perché ti dico questo? Perché l'ho già visto fare troppe volte.

Anche tu puoi scegliere

Io stesso ci sono caduto più di una volta e mi sono lamentato, sino a quando, guardandomi allo specchio, mi sono detto: «Ma vuoi veramente vivere la tua vita in questo modo?» La risposta è stata brutale: «No!» Da quel momento qualcosa è cambiato: non ho risolto tutti i miei problemi per magia, ma non sono più scappato e li ho affrontati.

Devi sapere che, spesso, le persone hanno paura, hanno timore di fare una scelta. Tentennano, abbozzano una decisione e poi lasciano correre, rimandandola a chissà quando. A volte, vanno avanti per giorni e giorni, senza avere il coraggio di *scegliere*. Restano lì, nell'attesa, come se il *non scegliere* potesse preservarli da chissà quali errori. Ma è proprio non scegliendo nulla, rimandando continuamente, che si commette l'errore maggiore. Anche a te è successo?

Potresti obiettarmi, come fece Nadia, una signora di circa trentacinque anni che si rivolse a me per farsi aiutare a trovare un lavoro: «C'è poco da scegliere quando tuo marito se n'è andato con una ragazza più giovane di te e tu sei rimasta sola e sei madre di due figli piccoli da far crescere.»

«Hai ragione,» risposi, «eppure venendo qui tu hai già fatto una prima scelta, un primo passo in avanti. Sei qui a chiedermi aiuto perché da sola hai capito che non puoi farcela. Purtroppo non posso caldeggiare la tua assunzione da nessuna parte. Non ho amici influenti. Anche se una cosa posso farla per te: aiutarti a costruire un buon curriculum e a rientrare nel mondo del lavoro.»

Dopo circa un mese Nadia era entrata, seppure part-time, nella cucina di un albergo. In giovane età aveva frequentato l'istituto alberghiero e prima di sposarsi aveva fatto alcune stagioni come aiuto-cuoca. La aiutai a costruire una lettera motivazionale coinvolgente, a sistemare un po' il suo vecchio curriculum e il resto lo fece lei, consegnandolo a mano a ben quarantasette strutture ricettive della propria città. Le visitò tutte personalmente, una a una, e alla fine i suoi sforzi furono premiati. A differenza di molte persone che conosco, Nadia smise di lamentarsi e non restò con le mani in mano: agì. Un grande problema era stato risolto con piccole azioni.

SEGRETO n. 36: la politica dei piccoli passi è fantastica. Una piccola azione oggi, unita a una piccola azione domani, insieme con un'altra piccola azione dopodomani, ti avrà fatto compiere, alla fine, una grande azione.

Anche tu, come Nadia, hai un dono: **il grande potere di scegliere**. Un dono che fortunatamente ogni essere umano ha. Ogni donna che sta leggendo questo ebook lo possiede. Ciò che sei tu e ciò che sono io è il risultato di tante scelte fatte nel corso della nostra vita. Ogni scelta fatta possiamo paragonarla a un mattone: mattone dopo mattone tu hai costruito la tua vita. E io la mia.

Ogni azione che hai compiuto, ogni parola che hai detto, ogni decisione che hai preso è diventa una parte di te. Anche le *non scelte* fanno parte di te. Scegliere non è facile. Personalmente non conosco nessuno che abbia sempre fatto le scelte *giuste*. Scegliendo si può anche sbagliare, ma non scegliendo è come se rimettessimo la nostra vita nelle mani di qualcun altro. Ci sono scelte facili e altre difficili, ma sei sempre tu che devi prenderle. Alcune potranno sembrarti obbligate, oppure molto scomode ma, anche in quel caso, dipendono sempre da te. Sei sempre tu che *scegli* o *non scegli* di fare una cosa.

Dare la colpa al destino, prendersela addirittura con gli astri, con le opportunità che non arrivano oppure, peggio ancora, con le persone che ti sono vicino, non serve a nulla. Con molta franchezza: tale atteggiamento mi sembra patetico e non lo capisco. Anche tu puoi scegliere, ed è giusto farlo. Assumendoti poi le responsabilità di quelle scelte (o non scelte) senza farle ricadere su altri.

Sono rare le occasioni in cui non si ha assolutamente possibilità di scelta. Penso, ad esempio, a una persona malata: probabilmente non ha scelto lei di esserlo. Ma anche in questi casi abbiamo il potere di scegliere come dobbiamo e possiamo reagire alla malattia. A questo punto potresti rispondermi come fece Bruna:

«È troppo facile parlare da fuori, bisogna trovarcisi nella malattia...» Quando fece la battuta lei non sapeva ancora quello che mi era successo nel 1999, quando fui colpito da ischemia cerebrale. Ma tu ormai dovresti saperlo bene.

Pensi che io abbia scelto di essere "aggredito" da un embolo vagante? Forse sì, o forse no. Diciamo che, per la vita che facevo, forse me la sono cercata. Di sicuro ho scelto come reagire alla malattia e il mio pensare in positivo e credere continuamente che ce l'avrei fatta, con certezza, mi hanno aiutato a riprendermi. Ma se ciò non bastasse, ho scelto anche di non fermarmi di fronte alla semplice presa di coscienza del fatto ormai avvenuto, ma mi sono domandato: perché? Perché a trentasette anni una persona che non beve, non fuma, molto attiva fisicamente è colpita da una patologia così particolare?

Tutti i medici che avevo interpellato (tranne uno) parlavano di un fattore legato a problemi neurologici; invece, proprio l'ultimo (una dottoressa di Pisa) ha scoperto che ho una mutazione genetica, la quale mi riduce l'apporto di acido folico e mi crea dei gravi scompensi, facendomi salire alle stelle l'omocisteina. Ma non mi sono fermato lì. Ho fatto un altro piccolo passo in avanti e ho nuovamente *scelto* di sapere e conoscere che cosa fosse quella strana mutazione.

Non mi sono limitato a prendere le pasticche di acido folico che mi hanno prescritto ma con Paola, mia moglie, abbiamo letto e riletto, sino a documentarci moltissimo sulle abitudini alimentari, riuscendo a modificare completamente il nostro regime di alimentazione. Oggi, io e tutti i componenti della mia famiglia seguiamo un regime di alimentazione sana, con il risultato che mangiamo meglio, di tutto, molta più frutta e verdura di prima.

Naturalmente, sono sotto cura farmacologica per tenere il sangue fluido ed evitare il formarsi di grumi, anche se ti assicuro che la nuova dieta alimentare è risultata determinante nella fase preventiva. Come vedi, ho scelto di nuovo e tutto ciò ha determinato un miglioramento totale nella mia vita. Ti ho raccontato questa storia, la mia storia, con la speranza di farti capire che, a volte, scegliendo si può anche sbagliare, ma non scegliendo si commette un errore ancora più grande. Ogni volta che credi di non avere alcuna scelta o alcun potere sulle tue esperienze di vita, neghi la cosa più importante di cui disponi: **il potere di scegliere**. Hai molte più probabilità di scelta di quanto tu possa pensare. Hai molto più potere sulla tua vita di quanto tu possa immaginare.

Puoi cambiare la tua vita e addirittura la persona che sei grazie al tuo potere di scelta. Puoi usarlo scegliendoti per compagni dei pensieri negativi e continuando a credere di non essere capace di fare alcunché, oppure puoi cominciare a pensare di essere in grado di cambiare la tua vita in meglio, agendo subito per dare immediatamente corpo ai tuoi pensieri positivi.

Puoi restare seduta sul divano e continuare a lamentarti, oppure puoi alzarti e fare come Nadia: compiere un primo piccolo passo in avanti. Anche tu puoi scegliere: fallo! Nel più bel libro motivazionale che abbia mai letto *Università del Successo*, il grande Og Mandino ripete continuamente: «Usa saggiamente il tuo potere di scelta!» (vedi note bibliografiche a fine ebook).

SEGRETO n. 37: rimandare le scelte non ti servirà a nulla. Molto meglio affrontare i problemi e scegliere. Altrimenti, col

passare del tempo, sceglierà qualcun altro per te.

Insomma, la politica dei piccoli passi ogni giorno, senza fare grandi sforzi, ti permette di raggiungere, nel tempo, un grande obiettivo, oppure di trovare la soluzione a un problema che ti assilla. Nella mia esperienza personale la politica dei piccoli passi mi ha sempre portato lontano. Ho imparato e fatto mio un detto fantastico che mi ripeto ogni giorno: «Pensa in grande, agisci in piccolo». Anche tu impara a pensare in grande, ad avere grandi obiettivi… e poi ad agire in piccolo, a piccoli passi ogni giorno.

Come dice T. Harv Eker nel suo splendido libro *I Segreti della Mente Milionaria*: «Se mirate alle stelle, colpirete almeno la luna» (vedi note bibliografiche a fine ebook).

Esercizio

Prendi carta e penna. Fatto? Bene: adesso prendi il problema più imminente che hai in scadenza. Potrebbe essere qualsiasi cosa:

- pagare una bolletta di importo alto e non avere i soldi;
- essere senza lavoro e cercarne disperatamente uno;
- essere sola e sentire l'esigenza di un uomo vicino;
- ecc.

1. Adesso voglio che scrivi una piccola azione che puoi fare subito. Pensaci, prenditi il tempo che ti serve e poi scrivila. Falla adesso. Ora, in questo preciso momento, senza rimandarla a domani.

2. Passa alla seconda piccola azione che puoi fare subito. Pensaci, prenditi il tempo che ti serve e poi scrivila. Falla adesso. Ora, in questo preciso momento, senza rimandarla a domani.

3. Continua così, senza più fermarti… una piccola azione alla volta. Un piccolo passo avanti.

La storia vera di Emma

Ho conosciuto Emma nel marzo del 2007 a un mio seminario motivazionale. A essere sincero, mi aveva già scritto qualche email e telefonato ed io la invitai al primo seminario disponibile. Aveva poco più di trent'anni e arrivò quando ormai era quasi concluso, appositamente per parlare con me; si sedette in fondo alla sala e ascoltò le battute conclusive. Attese pazientemente la fine del seminario e la "processione" delle persone che si fermavano a salutarmi; poi ci prendemmo un tè nella hall dell'albergo e parlammo per oltre un'ora. Emma veniva da una regione del Centro-Nord e si era trasferita da poco in un paesino della Lunigiana.

Ogni giorno faceva un centinaio di km e si spostava in una città toscana di mare, molto conosciuta. Aveva trovato lavoro come assistente personale dell'amministratore delegato di un'importante azienda internazionale, che aveva un solo piccolo handicap: era formata al 98% da figure maschili.

Tutti i posti di lavoro più importanti erano di appannaggio maschile: geometri, architetti, ingegneri, capi-cantiere, management… tutti uomini. Lei era l'unica donna che aveva una qualche responsabilità; le altre donne (poche per la verità) lavoravano tutte negli uffici ed erano *semplici* segretarie o impiegate amministrative. L'orgoglio femminile era tutto sulle sue delicate spalle.

Per la verità, ebbe da subito la possibilità di tenerlo alto perché, appena arrivata, l'amministratore delegato le offrì l'incarico di supervisionare completamente tutta la fase lavorativa di una commessa di lavoro importante. Per Emma significava relazionarsi e, soprattutto, controllare il lavoro di tutta una serie di personaggi maschili da molti anni presenti in azienda, tra i quali, se non ricordo male, due ingegneri, un architetto, un capo-cantiere e un geometra. Comunque… un manipolo di uomini!

Mi venne a trovare in studio una decina di giorni dopo il seminario. Aveva un grande obiettivo da raggiungere: guadagnarsi la stima e la fiducia dell'amministratore delegato, e diventare la prima donna del settore responsabile delle commesse estere. Un obiettivo ambizioso, molto ambizioso. Sia perché Emma era giovane, sia perché era donna. Infatti, sino ad allora, tale figura era di predominanza maschile, non soltanto all'interno dell'azienda per la quale lavorava da appena un mese, ma anche per tutto il settore. Quello era un settore molto maschilista. Emma aveva tutte le qualità per riuscire nel nuovo lavoro e per raggiungere l'obiettivo che si era prefissata, e inoltre era anche una bella ragazza, cosa che le creò non pochi problemi (come vedremo).

Emma conosceva molto bene le lingue, era brava e competente nelle relazioni estere, era capace e testarda al punto giusto. Doveva solo imparare ad avere un po' più di fiducia in se stessa. La guardai e le chiesi: «Quanto ci credi?» «Poco, molto poco» rispose lei. «Bene... se non ci credi tu, spiegami come potranno crederci l'amministratore delegato o le persone con le quali ti confronterai» risposi. Mi guardò, sorrise e annuì.

Guadagnarsi la fiducia delle cinque persone che doveva supervisionare fu il primo piccolo passo in avanti. Erano molto furbi e scaltri, e a Emma incutevano anche un po' paura. Le sue prime parole a riguardo furono: «Questi sono abituati a comandare, figuriamoci se si fanno guidare da una donna!» In effetti, i primi giorni furono terribili. Quelli si scambiavano messaggi tra di loro senza neppure tenerla in considerazione. Lei aveva quasi la sensazione che le nascondessero le cose, e forse era proprio così. Le dissi di stare tranquilla, che avrebbe ben presto gestito la situazione; doveva solamente guadagnarsi la loro fiducia. Per l'esattezza, affermai: «Devi solo guadagnarti i galloni sulla giacca. Dopodiché ti rispetteranno.»

Arrivò il gran giorno e cominciammo a lavorare. «Cosa devi fare per poter conquistare la loro fiducia?» Le domandai. «Sicuramente essere competente nel loro lavoro, conoscere e capire le cose che fanno. Insomma dimostrare loro che non sono una sprovveduta.» «E tu sei una sprovveduta?», aggiunsi. «Diciamo che in linea di massima conosco il settore e di cosa parlano, almeno teoricamente, anche se dovrei approfondire un po' gli argomenti in modo da conoscere i problemi che si presentano più spesso e le relative soluzioni.» «Ottimo!» continuai «E dimmi: come potresti approfondire queste cose?» «Ci sarebbe Alberto, uno dei geometri che lavora a un progetto simile al mio, anche se è una commessa diversa. Credo di essergli simpatica e potrei chiedere a lui: sono certa che mi darebbe una mano.» «Bene, e in quale altro modo potresti diventare molto competitiva a breve, diciamo… in quindici/venti giorni?» «Oltre a chiedere ad Alberto, potrei documentarmi leggendo. Nell'ufficio dell'amministratore ho visto molti libri interessanti e copie di progetti simili, con i report conclusivi dei vari responsabili delle commesse. Insomma: posso studiare e documentarmi meglio» concluse Emma.

E così, nel giro di circa due ore, la strategia per fare il primo piccolo passo in avanti era stata delineata. Emma avrebbe ampliato le proprie conoscenze tecniche in due modi:

1. informandosi presso Alberto, un geometra dell'azienda;

2. leggendo e documentandosi su libri, progetti vecchi e relativi report conclusivi.

La vita in azienda per Emma proseguiva tra alti e bassi. Mentre si aggiornava decidemmo, nelle sessioni successive, di lavorare al miglioramento della sua capacità comunicativa e relazionale. L'obiettivo era quello di migliorare la sua capacità di ascoltare e porre domande. Dalla sua aveva già un sorriso fantastico e la gentilezza; doveva solo imparare a comunicare meglio con quelle persone. Diedi priorità alla sua capacità di ascoltare le persone e smussare gli angoli (se la prendeva per poco, bastava anche una parola messa male e si chiudeva in se stessa).

Le insegnai a non prendersela quando gli uomini, vedendola passare, facevano qualche battuta un po' volgare o di bassa lega. Soprattutto, le insegnai a non prendersela se quelli nascondevano le informazioni ed evitavano d'incontrarla: era una reazione del tutto normale, tipica di un ambiente maschilista. «Vedrai» le dissi «quando non ti vedranno più come un nemico, bensì come una persona che può risolvere loro i problemi, ti verranno tutti a cercare.» Lavorammo su tre aspetti importanti del suo carattere: la diplomazia, la flessibilità e la leadership.

Ci impiegammo un paio di mesi buoni, e alla fine Emma era pronta. Avrebbe fatto le scarpe anche all'amministratore delegato se ci si fosse messa d'impegno, tanto era cresciuta! Nel frattempo si confrontava sempre più spesso con i cinque, li coinvolgeva, li ascoltava e li guidava. Cominciavano a cercarla, a vederla come una persona che era lì per risolvere dei problemi. Era spesso sul luogo di produzione e le maestranze l'adoravano e, soprattutto, cominciavano a considerarla competente. I suoi consigli venivano sempre ascoltati e accettati, e anzi: spesso si verificava che le stesse maestranze scavalcassero i rispettivi capi per chiedere direttamente a Emma cosa ne pensasse. Emma sembrava una di loro, parlava come loro, agiva come loro. Dava quasi la sensazione di essere "nata" in quell'azienda.

I mesi passavano e la fama di Emma aumentava. Andava tutto bene, tranne che con un ingegnere, che evidentemente si sentiva scavalcato e cominciava ad avere timore che lei potesse ambire alle sue responsabilità. Naturalmente ciò non era nei piani di Emma, ma lui, l'ingegnere *cagnesco* (come lo chiamava simpaticamente Emma) non lo sapeva.

Aumentare la fiducia in se stessa fu il secondo piccolo passo in avanti. Erano passati quattro mesi da quando avevo visto la prima volta Emma e le cose andavano abbastanza bene, tranne che per il problema di cui sopra. Emma si era conquistata la fiducia del resto del managment e delle maestranze e, soprattutto, dell'amministratore delegato, che aveva cominciato a mandarla da sola in giro per l'Europa a supervisionare alcuni progetti.

Tutto andava bene, se non fosse stato per quell'ingegnere che aveva la capacità di zittirla e di metterla in difficoltà. Quell'uomo, una persona davvero sgradevole, aveva il potere di metterla a terra, di distruggere tutta la sua autostima. Paradossalmente, era riuscita a tenere testa a una ventina tra capi, geometri, ingegneri e architetti, e non riusciva a gestire una sola persona.

Il lavoro sull'autostima di Emma si compose di quattro passaggi:

1. **ripetersi tutti i giorni e tutte le sere un mantra** appositamente creato per lei;

2. **un ancoraggio sulla fiducia in se stessa,** andando a cercare nel tempo, quando molto più giovane era riuscita a gestire una situazione simile in un'altra azienda. A dire la verità, il primo ancoraggio non funzionò molto bene ed ebbi bisogno di rafforzarlo con un secondo;

3. **l'eliminazione di una foto che le dava parecchia noia,** anche se, paradossalmente, la foto in questione non era quella dell'ingegnere, bensì di una sua parente che minava continuamente la sua autostima;

4. **costruire con uno *swish* l'immagine di una Emma sicura,** tenace, grintosa, competente e capace di tenere testa

all'ingegnere e a qualsiasi altra persona. Dopo averle fatto costruire la nuova immagine la sostituimmo a quella che lei, purtroppo, vedeva ogni giorno di se stessa quando incontrava quella persona: era arrendevole, rassegnata, timorosa e triste.

Questo lavoro sull'autostima di Emma durò molto meno del precedente. Dal giorno in cui mi venne a trovare al seminario, fece in totale cinque o sei sessioni di coaching. Oggi Emma gira l'Europa. L'ultima volta che mi ha scritto mi raccontava di essere stata a Montecarlo. Le cose vanno decisamente bene e lei ha raggiunto il proprio obiettivo: è diventata la prima donna, nel proprio settore, con responsabilità di controllo e supervisione per commesse internazionali, a quanto ho capito, molto importanti e costose. Emma è fiera del lavoro che ha fatto: a forza di piccoli passi ha raggiunto quello che voleva. Anche se ogni tanto mi dice che avrebbe bisogno di una "carica motivazionale energetica"… Cara Emma: sai dove trovarmi!

SEGRETO n. 38: quando una donna si mette in testa di raggiungere un obiettivo, comincia a crederci e compie delle piccole azioni ogni giorno, senza arrendersi, è come un

bulldozer: impossibile da fermare.

Analisi della strategia di Emma in 5 passi

Ed eccoci anche ad analizzare la strategia di Emma. Ormai dovresti essere diventata bravissima: prendere tutti gli step delle varie strategie che hai visto che pensi possano essere utili anche per te, e metterli in pratica.

1. La prima cosa che Emma ha capito è che doveva affrontare una cosa alla volta. Il suo obiettivo era ambizioso e impegnativo: non poteva raggiungerlo in un colpo solo. Doveva suddividerlo in tanti piccoli obiettivi da raggiungere uno alla volta, ed è quello che ha fatto.

2. Il lavoro sull'ascolto, la comunicazione, la diplomazia, la flessibilità e la leadership, unito alla sua capacità di documentarsi e aggiornarsi, le ha permesso di guadagnarsi sul campo la fiducia delle persone che lavoravano sotto di lei: dal management alle maestranze, sino ad arrivare allo stesso amministratore delegato. Tutti uomini.

3. Il lavoro fatto sulla sua autostima le ha permesso di superare brillantemente l'ultimo ostacolo sul suo cammino e "liberarsi" anche dell'ingegnere che le era ostile, sino a

conquistarsi anche l'ammirazione di quello.

4. Contemporaneamente, Emma ha lavorato ed è riuscita anche a superare un problema personale che aveva con una sua parente da tantissimi anni. Tutto ciò ha giovato tantissimo sulla sua autostima e alla sua capacità di volersi bene. Emma è rifiorita ed è andata dritta alla meta.

5. Tanto per cambiare, anche lei, come tutte le altre, non si è limitata a chiedere il mio aiuto: ha agito. Le azioni sono la cosa più importante di ogni strategia. Puoi avere la migliore strategia del mondo, ma se non sei disposta ad **agire**, difficilmente la strategia potrà esserti utile.

Il lavoro fatto con Emma mi ha entusiasmato. È stato bellissimo vedere quella ragazza dolce è un po' gracile superare giorno dopo giorno tutti i trabocchetti che i colleghi maschi le ponevano davanti, speranzosi che ci cascasse. Ma Emma ha sempre reagito, combattuto e, soprattutto, agito. Brava Emma!

SEGRETO n. 39: un piccolo passo in avanti oggi può significare un grande risultato domani. Abbi fiducia in te stessa, e se anche pensi che quel passo serva a poco, compilo.

RIEPILOGO DEL GIORNO 6:

- SEGRETO n. 36: la politica dei piccoli passi è fantastica. Una piccola azione oggi, unita a una piccola azione domani, insieme con un'altra piccola azione dopodomani, ti avrà fatto compiere, alla fine, una grande azione.

- SEGRETO n. 37: rimandare le scelte non ti servirà a nulla. Molto meglio affrontare i problemi e scegliere. Altrimenti, col passare del tempo, sceglierà qualcun altro per te.

- SEGRETO n. 38: quando una donna si mette in testa di raggiungere un obiettivo, comincia a crederci e compie delle piccole azioni ogni giorno, senza arrendersi, è come un bulldozer: impossibile da fermare.

- SEGRETO n. 39: un piccolo passo in avanti oggi può significare un grande risultato domani. Abbi fiducia in te stessa, e se anche pensi che quel passo serva a poco, compilo.

GIORNO 7:
Riappropriati della tua vita

Lo sapevi che da alcune ricerche è risultato che solo il 5% delle persone è in grado di affrontare la vita con successo, mentre il restante 95% non lo è? Sconvolgente, vero? E tu in quale percentuale ti collochi?

Ma cosa significa *successo*?
Anni fa ero a Roma per un mio seminario motivazionale e partecipai a una trasmissione radiofonica di una nota emittente locale. Mentre si parlava di motivazione e pensiero positivo, il conduttore mi rivolse la fatidica domanda: «Secondo te, Giancarlo, che cos'è il successo?» La stessa domanda mi è stata posta molte altre volte durante i miei seminari motivazionali, e dalle tantissime persone che incontro in rete ogni giorno e che mi scrivono.

Ho già dato la mia risposta alle molte email, così come risposi quel giorno via radio, e credo sia arrivato il momento di rispondere anche pubblicamente attraverso le pagine di questo ebook. Come ho già detto alle moltissime persone che me l'hanno chiesto, il successo è qualcosa di soggettivo. Ognuno di noi può dare la propria interpretazione alla parola *successo*. Per qualcuno il successo può essere disporre di una marea di soldi, per altri il successo è fare un bel lavoro, in giacca e cravatta. Altri possono intendere, per successo, il fare un lavoro che dia soddisfazione, che piaccia.

Altri ancora possono pensare a un qualcosa che li possa rendere famosi. Alcune amiche e amici potrebbero invece pensare al successo solamente nel momento in cui questo si traduce sotto forma di simboli: una bella macchina, una casa, un Rolex ecc. Insomma, ognuno di noi potrebbe solamente sbizzarrirsi e accostare alla parola *successo* qualsiasi situazione.

Per esempio: per le donne di cui ho parlato e che ho citato e descritto in questo ebook il successo è senza ombra di dubbio la possibilità di tornare a piacersi, a sorridere, a volersi bene. Insomma, a riappropriarsi della propria vita. Per loro, come per molte altre donne che ho conosciuto e delle quali non ho potuto raccontare qui la storia per motivi di spazio, uscire dalla crisi personale in cui sono finite rappresenta il massimo del successo. Un successo con la S maiuscola. Per queste donne non vi è ricchezza o notorietà che possa valere la capacità di riprendersi e vivere la propria vita. E forse, proprio perché stai leggendo questo ebook, è così anche per te.

Tranquillizzati: indipendentemente dal tipo di successo al quale aspiri e anche se non ci sei ancora arrivata, hai ancora molte speranze, perché quasi sempre (a parte rari casi di colpi di fortuna) nella vita il successo non è mai casuale. Può essere previsto, costruito e raggiunto, poiché alla base vi è un semplice stato d'animo: un atteggiamento mentale positivo. È frutto di duro lavoro, sacrificio, azioni. Proprio come hanno fatto le varie donne citate nell'ebook e giunte, piano piano, al proprio personalissimo successo.

Quindi anche tu hai ancora buone probabilità di ottenere il tuo successo. William James, uno dei padri della psicologia americana, affermava: «La scoperta più importante della mia generazione è che gli esseri umani possono modificare la propria vita cambiando il proprio atteggiamento mentale.» In parole povere significa che se anche tu riesci a modificare il tuo modo di pensare e vedere le cose, trasformandolo da negativo in positivo, riuscirai a cambiare in meglio la tua vita. In base alla legge della causa e dell'effetto: tutto ciò che diciamo o facciamo causerà un effetto.

Se facciamo o diciamo qualche cosa di costruttivo, ciò causerà un effetto positivo. Se facciamo o diciamo qualche cosa di distruttivo, ciò causerà un effetto negativo. Qualsiasi cosa facciamo o diciamo, devi sapere che causerà, sempre, un effetto. Che ci piaccia o no. Nei miei seminari motivazionali mi piace affermare questo concetto: «Ad ogni cosa (o non cosa) che facciamo, causeremo sempre una contro-azione o reazione.»

Dato che tutto ciò è terribilmente vero è chiaro che, proprio perché ci sarà restituito tutto quello che abbiamo seminato, è sempre meglio sviluppare un sano atteggiamento mentale positivo, volto a costruire già nella nostra mente tutte le cose belle che possiamo e vogliamo desiderare. Un sano atteggiamento mentale e la capacità di agire sono alla base di ogni successo.

Alla luce di queste considerazioni, cosa accomuna quel 5% di persone che nella vita hanno costantemente successo? Semplicemente, alcuni banali ingredienti:

1. la capacità di definire con chiarezza le proprie mete, i propri obiettivi;

2. la motivazione a raggiungerle;

3. la preparazione professionale;

4. la convinzione nelle proprie capacità.

Tu quali possiedi? Quali devi sviluppare e quali devi, invece, completamente acquisire? Fai l'esercizio nella pagina seguente e scoprilo.

Esercizio

Vuoi raggiungere anche tu il successo? Il tuo personalissimo successo? Bene, sii onesta con te stessa e datti un punteggio da 1 a 5 (dove 1 è il minimo e 5 il massimo della valutazione) per ognuno dei quattro punti che seguono. Poi lavora per migliorare costantemente le aree in cui ti sei data una valutazione bassa e ricorda: stare in quel 5% dipende da te, solo da te:

1. **Capacità di definire con chiarezza i propri obiettivi____**

____

2. **Motivazione a raggiungerli ________________**

____

3. **Preparazione professionale________________**

____

4. **Convinzione nelle tue capacità________________**

SEGRETO n. 40: il successo, per molte donne, è semplicemente tornare a piacersi, a sorridere e riappropriarsi della propria vita.

Mai aver paura di sbagliare e rimandare le cose a domani

Ho sempre pensato che la donna che rimanda a domani quello che può fare oggi, probabilmente ha poca fiducia in se stessa e nelle proprie capacità (naturalmente vale la stessa cosa anche per noi maschietti). Questo tipo di donna ha il timore di sbagliare, di non riuscire nell'attività a cui si è dedicata e pertanto continua a rimandare. Giorno dopo giorno. Ti assomiglia? Conosci qualcuno con queste caratteristiche?

Ormai dovresti aver capito che sono un affezionato lettore di *Mente&Cervello*, un mensile di psicologia e neuroscienze molto ricco di informazioni. Dato che non butto via mai alcuna copia, nel numero di marzo 2007 ho letto che vi è stata addirittura una ricerca durata ben dieci anni, che Piers Steel dell'Università di Calgary in Canada ha pubblicato sull'*American Psychological Association's Psychological Bulletin* (vedi note bibliografiche a fine ebook).

Il dottor Steel spiega che: «Uno dei miti da sfatare è quello che afferma che procrastinare sia sinonimo di perfezionismo.» Infatti, continua Steel: «I perfezionisti temporeggiano poco, se possono, perché sono molto preoccupati di far bene quella certa cosa.»

Dalla ricerca emergono anche i sintomi che smascherano una persona che rimanda di continuo. Vorrei che li leggessi bene, perché a mio modo di vedere, almeno due dei quattro sintomi riconducono a molte delle problematiche che abbiamo analizzato in questo ebook:

- avversione per gli incarichi;

- impulsività;

- facilità a distrarsi;

- scarsa motivazione.

Dunque, rimandare le cose a domani non è per nulla sinonimo di perfezionismo e se vuoi riappropriarti della tua vita semmai devi agire. Anzi, mi permetto di farti riflettere, ponendoti due domande:

1. **quante volte ti sei fatta scappare un'opportunità perché avevi paura di sbagliare?**

2. **quante volte ti sei limitata perché avevi paura di fare la figura della sciocca di fronte agli altri?**

Ricordati che i limiti che ti poni da sola per paura di sbagliare possono essere molto difficili da superare. La vita è bellissima e merita di essere vissuta intensamente, anche sbagliando, se occorre. E poi non vi può essere conoscenza e apprendimento senza sbagliare. Pensa a quanto potrebbe diventare ricca e stimolante la tua vita se ti concedessi qualche errore. Solo così puoi scoprire cose nuove. Solo così puoi apprendere e imparare. Solo così puoi scoprire i tuoi limiti. Agendo e sbagliando, e poi sbagliando e nuovamente agendo.

Smettila di aver paura di sbagliare... cosa pensi che ti possa mai capitare? Al massimo di *sbagliare*. E adesso immagina per un solo istante di non agire, di non fare nulla e di rimandare a domani, proprio per paura di sbagliare... cosa pensi che ti possa capitare? Nulla, assolutamente nulla. E credimi: quel *non fare* è peggio che *sbagliare*. Almeno, sbagliando impari qualcosa di nuovo.

Come essere umano hai molte capacità e risorse. Come donna, poi, dovresti aver capito dalle lettura delle pagine precedenti che hai delle potenzialità nascoste, che devono solo essere tirate fuori e alimentate. Evita di "seppellirle" per paura di sbagliare. Un giorno, forse neppure lontano, potresti voltarti indietro e avere il rimpianto di non averci provato.

Non puoi chiuderti in casa sperando di evitare di commettere degli errori. Non puoi scappare di fronte a un problema: prima o poi, dovrai affrontarlo. Non puoi evitare di incontrare l'uomo che ti piace per paura d'innamorarti, di non essere ricambiata e, quindi, di soffrire. Non puoi mollare tutto perché la vita è brutta e non è giusta con te. E ancora: non puoi smettere di volerti bene perché devi punirti per qualche cosa che hai fatto in passato. O meglio: puoi anche farlo, sei grande e maggiorenne… anche se capisci bene che non ne ricaverai alcun vantaggio.

Piuttosto: non aver paura di sbagliare, e se sbagli (fa parte del gioco) fai in modo che dai tuoi errori tu possa imparare sempre qualcosa. Osa, senza aver paura di sbagliare. Perché, come dice John Marks Templeton: «Chi sbaglia di rado, di rado scopre qualcosa». E, aggiungo io: come puoi riappropriarti della tua vita se hai paura di agire e di sbagliare?

SEGRETO n. 41: se vuoi riappropriarti della tua vita devi smettere di rimandare e cominciare ad agire, ora.

La storia vera di Astrid

Avevo da poco concluso una trasmissione radiofonica su Radio Nostalgia Toscana, quando ricevetti una telefonata da una località dell'Emilia (le magie delle onde radio sono inspiegabili). Lei si chiamava Astrid e con fare gentile mi chiese se ero io la persona che poco prima stava parlando in radio. Le risposi di sì e restammo a parlare per almeno una ventina di minuti.

Mi pose tantissime domande e alla fine fissammo una sessione di coaching per la settimana successiva, anche se dalla voce lei dava l'impressione di avere necessità di un aiuto immediato. Bionda con capelli corti, gentile, minuta e ben vestita: Astrid si presentò così alla sessione di coaching. Credo avesse sui quaranta/quarantacinque anni, che portava splendidamente.

Insegnava nelle quarte e nelle quinte classi di un liceo e aveva qualche problema nel farsi seguire dai ragazzi e nel tenere in pugno la classe: troppo gentile come persona, con una tonalità di voce bassa e un carattere riservato. Era logico che una volta che i ragazzi cui insegnava l'avessero conosciuta se ne approfittassero un po'. Logico, anche se non giusto. Come non è bello che esistano insegnanti che si disinteressano totalmente di fare il proprio lavoro, non è neppure bello che i ragazzi si approfittino di insegnati deboli, che possono avere qualche problema relazionale e comunicativo.

Credo che dovrebbe essere il sistema scolastico a garantire la formazione relazionale e comunicativa di questi docenti, in modo di evitare di mandarli allo sbaraglio. Ad ogni modo, ho scritto un articolo sul ruolo dell'insegnante e di come questi possa comunicare meglio con i ragazzi e migliorare le loro performance scolastiche. Lo trovi nel mio sito web, dentro la cartella "Articoli/comunicazione", a questo indirizzo:

www.giancarlofornei.com.

Ma torniamo ad Astrid che, a differenza di molti suoi colleghi, aveva voglia di insegnare e cercava aiuto per cercare di svolgere al meglio il proprio lavoro. Andavano premiati il suo coraggio e la sua determinazione, e io ce la misi tutta per aiutarla. In particolar modo, Astrid aveva un piccolo problema di memoria, che quando sopraggiungeva la metteva letteralmente a terra annientando la sua autostima: ogni tanto si dimenticava la lezione o un pezzo della stessa. Cominciava a parlare ai ragazzi e dopo un po' si perdeva, era come se qualcuno avesse spento la luce e lei dimenticava i concetti e le parole seguenti, con l'imbarazzo che ne conseguiva.

Era già successo parecchie volte, al punto che la situazione in classe cominciava a sfuggirle di mano e i ragazzi se ne approfittavano vistosamente, prendendola anche in giro, con ripercussioni evidenti sulla sua autostima. Aveva fatto una visita medica neurologica che aveva scongiurato problemi di natura fisiologica e il suo medico le aveva consigliato di assumere degli integratori specifici per la memoria. Tuttavia, il problema persisteva ormai da oltre tre mesi. Qualche ragazza si era lamentata a casa e qualche genitore aveva fatto la voce grossa in consiglio di classe, e lei era decisamente in difficoltà. A tutto ciò andava aggiunto che alla sua età era ancora precaria e che la situazione creatasi poteva pregiudicarle anche il posto di lavoro, dato che non era di ruolo. Insomma, un problema nel problema.

Le Mappe Mentali

La prima cosa che consigliai ad Astrid fu di prepararsi la lezione il giorno prima e fare come fa una persona che studia. Dato che aveva il problema di ricordasi le cose, era opportuno "combatterlo" facendo un lavoro sulla sua memoria, allenandola. Studiando la lezione il giorno prima forse avrebbe incontrato minori problemi nel ricordarla.

Era una strategia forse troppo banale, che però meritava di essere quantomeno provata. Mi disse che molti anni prima era abituata a prepararsi la lezione e che anzi, era solita preparare degli appunti scritti per i ragazzi. A quel punto domandai: «Quando lo facevi, avevi problemi di memoria?» Mi guardò, e pensandoci sopra un po', disse: «Ora che mi ci fai pensare, direi di no. Ho sempre fatto tranquillamente la lezione» «Bene» aggiunsi io «dimmi se hai notato un peggioramento della tua memoria nel momento in cui hai smesso di usare questo metodo di lavoro.» «Non saprei, proprio non saprei…» ribatté lei. «Va bene…» risposi «indipendentemente da tutto direi di procedere con questo sistema. Sperimentiamolo per almeno ventuno giorni: possiamo solo migliorarla, la tua memoria.»

Astrid cominciò a prepararsi tutte le lezioni in un certo modo, così come io le avevo spiegato. «Per ogni lezione» le dissi «segui questa procedura:

1. prendi un foglio bianco e mettilo in orizzontale (solitamente si scrive in verticale);

2. al centro del foglio voglio che tu metta il soggetto della lezione dentro un ovale (per esempio: Napoleone);

3. adesso crea dei raggi che partono dall'ovale e vanno verso i bordi del foglio, proprio come se fosse un sole; crea tanti raggi quante sono le specifiche che vuoi evidenziare;

4. su ogni raggio scrivi una parte importante del soggetto della lezione (per esempio, parlando di Napoleone crea tanti raggi per gli avvenimenti più importanti della sua vita: la nascita, l'incoronazione come imperatore, la morte, l'esilio, le vittorie, la sconfitta più importante, le mogli ecc.);

5. in ogni raggio metti solo le cose più importanti, come date, nomi, luoghi ecc.;

6. poi prepara delle copie delle mappe per i ragazzi e consegnale la stessa mattina della lezione;

7. a parte, solo per te, fai una breve sintesi di dieci/dodici righe di ogni principale avvenimento che hai messo sulla mappa e

studialo;

8. ripassa la breve sintesi la sera prima di andare a letto e lascia che le informazioni vengano assorbite dal tuo inconscio; prima di addormentarti ripeti questo mantra: "Domani mattina farò una bellissima figura con i ragazzi e il mio inconscio mi aiuterà a ricordare tutto";

9. domani mattina rileggi velocemente la mappa e gli appunti, e vai fiduciosa a scuola.»

Astrid fece questo lavoro per tutta la settimana. Ogni giorno preparava le lezioni per ogni classe in cui doveva andare, e la sera rileggeva prima di addormentarsi e ripeteva il mantra. Alla fine della prima settimana, quando tornò per la sessione, era visibilmente sollevata.

Mi disse che il problema si era ripresentato ancora, anche se solo una volta (contro le tre/quattro volte della settimana precedente). Nelle altre due classi in cui aveva fatto lezione le cose erano andate decisamente meglio. Anzi, aveva notato anche un gradimento da parte dei ragazzi che si ritrovavano degli appunti fatti bene. Appunti che in realtà si chiamano *Mappe Mentali*, seppur fatte alla buona, in "maniera spartana" e senza software.

Proseguì a prepararsi le lezioni anche per le successive due settimane e alla fine, quando ci vedemmo, era decisamente soddisfatta perché il problema si era ripresentato una sola volta. Un miglioramento a dir poco straordinario, tenendo in considerazione l'uso congiunto di un vecchio metodo e di banali integratori che si vendono in farmacia anche senza la ricetta medica.

Per i successivi tre mesi, sino alla fine di quell'anno scolastico, Astrid usò le mappe mentali, ottenendo due benefici in uno: migliorò sensibilmente la propria memoria e anche il rapporto con i ragazzi.

Le lezioni erano decisamente migliorate, un po' perché Astrid, forte degli appunti, si ricordava le cose in sequenza e non perdeva più il filo del discorso, un po' perché le mappe erano utili e piacevano anche agli stessi ragazzi.

Far crescere l'autostima

Astrid decise di continuare a lavorare con me e di affrontare anche il problema della propria bassa autostima, che già era decisamente cresciuta con il miglioramento del problema legato alla memoria, sebbene non fosse ancora a livelli accettabili. A complicare il tutto, oltre al problema del precariato, si aggiungeva la sua incapacità nel dire di no alle persone, soprattutto ai colleghi che, naturalmente, non perdevano occasione per approfittarsi della sua bontà.

Ma andiamo per ordine: il problema del precariato era vissuto con angoscia profonda da Astrid anche perché aveva un figlio adolescente da mantenere. Suo marito l'aveva lasciata quando il bambino aveva poco più di dieci anni e lei l'aveva cresciuto da sola con enormi sacrifici. A darle una mano economicamente c'era sua madre, che però, essendo pensionata, non poteva offrirle un grosso aiuto economico.

Lavorai sulle convinzioni di Astrid e l'aiutai a ristrutturare quella più importante per lei, quella che si ripeteva in continuazione e che andava a limare la sua già bassa autostima: «Sono precaria da una vita e non potrò mai offrire una vita migliore a mio figlio.» Con un lavoro sulla sua linguistica di circa quindici giorni cambiammo la frase ristrutturandola in: «È vero che sono una precaria, anche se questa situazione mi ha permesso di mantenere in maniera decente sino a oggi mio figlio.»

Tutte le sere prima di andare a letto e tutte le mattine prima di alzarsi, si ripeteva questa frase. Naturalmente, il lavoro di ristrutturazione non poteva bastare: lo sapevo io e ne era consapevole anche Astrid. Precaria era e precaria rimaneva: andava trovata una soluzione pratica in appoggio alla ristrutturazione linguistica. Non potevo aiutarla a farsi dare una cattedra di ruolo dallo Stato Italiano, però potevo aiutarla a ricostruire la sua autostima e, contemporaneamente, a trovare occasionali lavoretti per poter arrotondare il bilancio familiare.

Facendola parlare, scoprii che Astrid aveva una gran passione per la lingua italiana (che non era la materia che insegnava a scuola). Era veramente brava, amava leggere molto ed era una donna colta. Molto colta… e mi si era accesa una lampadina. Un mio amico imprenditore stava realizzando la propria brochure aziendale e lo convinsi ad affidare ad Astrid la supervisione di tutti i testi. Indipendentemente dai soldi che avrebbe guadagnato, Astrid accettò con entusiasmo, e dopo una settimana consegnò i testi corretti al mio amico che, a sua volta, li consegnò allo studio grafico cui aveva affidato la progettazione della brochure.

Miracolo: due giorni dopo ricevetti una telefonata del mio amico che mi chiedeva il numero telefonico di Astrid: lo studio grafico voleva affidarle la correzione di altri lavori. Iniziò così, per scherzo e con un po' di buona volontà. Oggi Astrid si divide in un doppio lavoro: continua a fare la precaria per la scuola statale italiana e supervisiona testi per molti studi grafici. Non le ho mai fatto i conti in tasca, ma credo che guadagni molto di più con il secondo lavoro. Naturalmente, la scuola è per lei passione e, seppure da precaria, continua fare le ore che le vengono assegnate.

La ristrutturazione fatta sulle sue convinzioni e il lavoretto aggiuntivo avevano fatto bene anche all'autostima di Astrid, che cresceva ogni giorno di più. Dedicammo qualche sessione a rafforzare il suo carattere e, in maniera specifica, facemmo un ancoraggio sulla grinta e sulla determinazione di Astrid, in modo che potesse affrontare anche il problema dei colleghi un po' approfittatori. Questi erano abituati a chiederle ogni tipo di piacere e di favore, senza mai restituirlo.

Quella mattina Astrid si scoprì improvvisamente forte. All'ennesima richiesta di un collega un po' invadente (maschio, tanto per cambiare) lei si voltò, lo guardò negli occhi e inizialmente, balbettando un po', rispose: «No, grazie, domani non posso sostituirti.» Si sedette sulla sedia nella sala insegnanti e si domandò come avesse fatto a rispondere in quel modo. Quel giorno Astrid si riappropriò della propria vita.

Superato lo sbigottimento iniziale mi chiamò subito al telefono per raccontarmi tutta la storia e ringraziarmi. Le risposi di complimentarsi con se stessa: quello era il frutto del lavoro svolto nei mesi precedenti. Naturalmente, ricordo bene le parole di Astrid e le tengo strette nel mio cuore. Nei mesi successivi i *no* di Astrid furono sempre più convincenti e, soprattutto, decisi.

SEGRETO n. 42: a volte basta solamente ristrutturare una

frase per darle un significato diverso e cambiare tutto quello che ti gira intorno.

Analisi della strategia di Astrid in 5 passi

Ed eccoci ad analizzare la strategia di Astrid. La solita raccomandazione: prendi le parti che possono essere plasmate su di te e butta pure via le altre. Sono certo che anche in questa strategia, saprai trovare suggerimenti che possono aiutarti a riappropriarti della tua vita. Eccoti la strategia in 5 passi che ha aiutato Astrid a riprendersi la sua, di vita.

1. La prima cosa che Astrid fece fu quella di migliorare la propria memoria. Pur essendo una donna molto colta, con molta umiltà, si rimise a studiare e preparare le lezioni, come faceva all'inizio della propria avventura come insegnante. Questo migliorò sia la sua capacità mnemonica, evitandole nuovi imbarazzanti vuoti di memoria in classe, sia il suo rapporto con i ragazzi, che cominciarono ad apprezzarla e a vederla sotto una luce diversa.

2. Il lavoro sulle convinzioni, ristrutturando quella più importante per Astrid, le permise di *vedere* le cose in un'ottica completamente diversa. Era sempre una precaria,

anche se il suo stipendio da precaria le aveva comunque permesso di far crescere suo figlio. Chiaramente, quella figura di precaria da una vita continuava a darle fastidio, e voleva assolutamente fare qualcosa per cambiarla, anche se ora non lo vedeva più come un aspetto negativo, bensì uno strumento momentaneo che le aveva permesso di far crescere e alimentare qualcosa di molto positivo per lei: suo figlio.

3. La ricerca di un lavoro integrativo, da affiancare a quello precario come insegnante, le aveva permesso di sistemare l'aspetto economico, migliorando sensibilmente le proprie entrate mensili. Può sembrare banale, ma la tranquillità economica aveva ridato fiducia ad Astrid e con la fiducia era tornata la voglia di fare, di buttarsi nelle cose, di apprezzare la vita. Il suo stesso lavoro a scuola, con i ragazzi, ne aveva beneficiato.

4. Come per magia, i tre punti precedenti avevano alimentato inconsciamente l'autostima di Astrid. L'ancoraggio fece il resto e le diede una grinta che non si ricordava neppure di possedere. Astrid era un'altra persona, capace di dire finalmente di no a tutte quelle persone che per tre anni, da quando era arrivata in quel liceo, avevano abusato della sua

bontà.

5. Infine, anche lei, come tutte le altre, aveva fatto la cosa più importante: **agito**. Non mi stancherò mai di ripeterlo: qualunque strategia senza le azioni è nulla.

Sono pienamente consapevole che il punto della svolta nel lavoro fatto con Astrid sia l'aver ristrutturato la sua convinzione più forte. In quel momento Astrid fece il cambiamento più importante e si riprese completamente la propria vita. Tutto il resto, sono state solamente "ciliegine sulla torta".

La vita è solo una questione di scelte
Nei mesi scorsi ho letto *Il Potere della Focalizzazione* di Jack Canfield, Mark Victor Hansen e Les Hewitt (vedi note bibliografiche a fine ebook). Premesso che il libro è splendido e vale la pena leggerlo, mi ha particolarmente colpito un racconto che gli autori fanno nella parte finale, quando raccontano la storia di Wilma Rudolph, una ragazza di colore nata nel 1940 che supera la sua brutta malattia e vince ben tre medaglie d'oro alle Olimpiadi di Roma del 1960.

Siccome la storia aveva dell'incredibile, mi sono documentato e ho scoperto che la Rudolph era la ventesima di ben ventidue figli di una famiglia di colore americana, molto povera a causa della Grande Depressione del 1929. La mamma di Wilma dedicò gli anni successivi alla nascita della figlia a curare ogni genere di malattia che la bambina contraeva. Un giorno si accorse che il piedino e la gamba destra di Wilma erano deboli e si stavano deformando: aveva la poliomielite (proprio come il grande ipnoterapeuta Milton Erickson).

Tutti i medici affermarono che Wilma non sarebbe più riuscita a camminare, ma la signora Rudolph era testarda e combattiva. Scoprì che Wilma poteva essere curata al Meharry Hospital di Nashville (all'epoca l'ospedale più vicino riservato ai neri) e nonostante questo distasse dalla città in cui abitavano parecchi chilometri, vi condusse la bambina per due anni di fila, due volte la settimana per farla curare con le terapie. Ci vollero anni prima che Wilma potesse riprendersi fisicamente e finalmente, all'età di dodici anni, grazie alla tenacia e alla perseveranza di sua madre riuscì a tornare a camminare normalmente, a fare tutte quelle cose che per una bambina e un bambino della sua età sono determinanti: correre, giocare e divertirsi.

SEGRETO n. 43: ti sorprenderai di scoprire quanto la tenacia e la perseveranza possano premiare il tuo impegno.

Ma Wilma aveva deciso di stupire il mondo e a scuola volle dedicarsi al basket, diventando ben presto una star, stabilendo record su record. Fu notata dall'allenatore di atletica, che l'avviò alla velocità. In poco tempo Wilma Rudolph divenne una velocista di livello mondiale, guadagnandosi il soprannome di Gazzella Nera. Ad appena sedici anni partecipò alle Olimpiadi del 1956, vincendo con la squadra statunitense la medaglia di bronzo nella staffetta 4 x 100. Ma era solo all'inizio, e il 7 settembre del 1960 a Roma, Wilma Rudolph fu la prima donna americana a vincere ben tre medaglie d'oro nella velocità. Fantastico, semplicemente fantastico!

Nonostante tutte le difficoltà fisiche iniziali, Wilma Rudolph e sua madre hanno dato una gran lezione di carattere e di tenacia a tutto il mondo. In particolare, a tutte quelle persone che pur avendo avuto molto dalla vita, continuano ogni giorno a lamentarsi per delle cose futili e banali. La gente non si rende conto della fortuna che ha, delle cose belle di cui può godere ogni giorno. Eppure, le persone si soffermano unicamente su quello che manca loro. Cose insignificanti, senza peso, senza valore. Senza apprezzare la "vera ricchezza" che hanno già.

Ti ho raccontato la storia di Wilma Rudolph perché lei è una donna come te. È un fantastico esempio da seguire se vuoi ricominciare a vivere la tua vita, a riprenderti la vita che ti appartiene. Wilma Rudolph ce l'ha fatta. Anche tu puoi. Ti basta cominciare ad agire, ora, in questo preciso momento.

SEGRETO n. 44: la vera ricchezza è quella che hai già. Impara ad apprezzarla, altrimenti l'Universo non ti manderà nient'altro di buono.

In chiusura, ricordati che sono un mental coach che ha già aiutato moltissime donne a tornare a sorridere, a piacersi, a riappropriarsi della propria vita. Abbi perciò fiducia: sono certo di poter aiutare anche te a trovare la strada giusta.

RIEPILOGO DEL GIORNO 7:

- SEGRETO n. 40: il successo, per molte donne, è semplicemente tornare a piacersi, a sorridere e riappropriarsi della propria vita.

- SEGRETO n. 41: se vuoi riappropriarti della tua vita devi smettere di rimandare e cominciare ad agire, ora.

- SEGRETO n. 42: a volte basta solamente ristrutturare una frase per darle un significato diverso e cambiare tutto quello che ti gira intorno.

- SEGRETO n. 43: ti sorprenderai di scoprire quanto la tenacia e la perseveranza possano premiare il tuo impegno.

- SEGRETO n. 44: la vera ricchezza è quella che hai già. Impara ad apprezzarla, altrimenti l'Universo non ti manderà nient'altro di buono.

Conclusione

Sei dunque giunta al termine di questo ebook, che ho scritto con il cuore e con passione, tanta passione. Credo fortemente che possa essere utile a te e a tantissime altre donne. Vi hai trovato alcune storie vere, cambiate solamente nei nomi, località e poco altro, per garantire l'anonimato e la privacy a queste persone.

Attraverso le loro storie e i loro problemi ho cercato di farti capire che sono storie e problemi che colpiscono tutte le donne, in maniera particolare quelle tra i trenta e i cinquant'anni. Ricche o povere, belle o brutte, alte o basse, magre o grasse, con lavoro o senza, sposate o single, impiegate o manager. Insomma: la crisi di identità non fa alcuna differenza e colpisce tutte, indistintamente.

Ma così come colpisce tutte, offre a tutte le stesse possibilità di riprendersi alla grande. Quindi, anche tu, come loro, puoi tornare a volerti bene. Anche tu, come loro, puoi tornare a sorridere. Anche tu, come loro, puoi tornare a guardarti allo specchio e dirti: «Mi piaccio». Infine, anche tu, come loro puoi risolvere i tuoi problemi e riappropriarti della tua vita.

Prendi tutte le varie esperienze, sensazioni e strategie che ti ho raccontato nell'ebook e "cucile" come un vestito su di te, come se fossero una seconda pelle, e poi comincia ad agire, giorno dopo giorno. Un piccolo passo, una piccola azione ogni giorno.

Spero di essere riuscito a farti capire che ogni strategia può essere quella giusta, basta solo fare le **azioni** necessarie per il cambiamento. Senza le azioni, nulla può accadere. E le azioni, amica mia, devi farle **tu**. Ricorda:

1. ogni giorno prendi coraggio e inizia qualcosa che vorresti fare;

2. focalizzati attentamente su di essa, senza farti distrarre da nulla;

3. eseguila subito, senza rimandarla a domani. **Agisci!**

Cerca di applicare i consigli che hai trovato nell'ebook con impegno e umiltà. Senza demordere, senza farti scoraggiare dagli avvenimenti che ti accadono intorno. Senza arrenderti e soprattutto, credendo sempre in te stessa, in quello che fai, in quello che sei. Sei bellissima, sei una donna, sei una persona speciale. Lo sei per me, e ancor di più dovresti esserlo per te stessa.

Fai seguire ai consigli l'azione. Agisci ogni giorno. Agisci con la politica dei piccoli passi, **non succede niente se non cominci niente!**

Comincia subito, comincia ora. Comincia a mettere i pratica i consigli che hai trovato in questo ebook.

Buona fortuna!

Azioni

Giorno 1. Comincia con il cercare il vero motivo della tua crisi. Prima di concentrarti su un problema, sii forte e cerca il vero motivo della tua crisi. Sappi che il vero motivo, molto spesso, è proprio nel posto in cui non vorresti mai guardare, nel posto in cui affermi che va tutto bene.

Giorno 2. Impara a volerti bene. Spiegami… come fai a trovare un uomo che ti vuole bene se tu stessa non ti vuoi bene? Volersi bene aiuta a crescere, ad alimentare continuamente l'autostima e l'autostima è quel serbatoio di energia da cui puoi attingere ogni giorno per fare le cose.

Giorno 3. Usa un diario. Il diario è riconosciuto anche dalla psicologia come un potente strumento terapeutico. Usalo per raccontare a te stessa le molte cose belle che hai e che stai facendo. Usalo per essere più consapevole dei cambiamenti che stai facendo.

Giorno 4. Prendi il tuo passato e mettilo alle spalle. Il passato non conta più, non può più tornare indietro né può più cambiare. Il passato è… passato. Molto meglio per te vivere nel presente, nell'*oggi*.

Giorno 5. Formula bene i tuoi obiettivi. Impara a formulare bene i tuoi obiettivi. In positivo, in prima persona, usando il presente indicativo e descrivendo un risultato.

Giorno 6. Compi ogni giorno un piccolo passo avanti. Ogni giorno fai un piccolo passo in avanti verso la soluzione del tuo problema o il raggiungimento del tuo obiettivo. Un piccolo passo ogni giorno, diventa un grande passo tra un mese.

Giorno 7. Riappropriati della tua vita. La vita è meravigliosa, non permettere a nessuno di metterti in un angolo. Combatti, reagisci e credi in te stessa. Fai come Wilma Rudolph e vinci la tua medaglia d'oro.

Sette punti per agire. Sette giorni per sviluppare, giorno per giorno, un punto diverso. Prenditi le prossime tre settimane per te, potrebbero cambiare completamente la tua vita.

Settimana 1. Ogni giorno leggi un Giorno (che vale come capitolo) diverso e quando sarai arrivata in fondo all'ebook, ricomincia daccapo.

Settimana 2. Questa volta leggi il Giorno e comincia a fare gli esercizi ad esso collegato. Fare gli esercizi è fondamentale: è la sottile linea che ti divide dalla teoria alla pratica. Ogni giorno rileggi un Giorno e fai gli esercizi di riferimento. Alla fine della seconda settimana, avrai letto l'ebook ben due volte e, soprattutto, avrai cominciato a mettere in pratica la filosofia in esso contenuta.

Settimana 3. Adesso sei pronta per osare. Comincia ad applicare, giorno per giorno, un Giorno dell'ebook nella tua vita reale. Nota come cambiano le percezioni intorno a te. Nota le nuove sensazioni che entrano nella tua vita. Vai avanti, arriva a fine settimana e applica, ogni giorno, un Giorno diverso.

Mentre finisci di leggere le ultime pagine di questo ebook e cominci a pensare a come puoi applicare le cose che hai letto nella realtà della tua vita, ti guardi intorno e diventi sempre più consapevole che anche tu puoi tornare a sorridere, a volerti bene a riappropriarti della tua vita, ora.

Ricorda queste tre cose: **credi in te stessa; abbi fede in qualcuno più in alto di te; e agisci.** Scrivile su un cartoncino e portalo sempre con te.

Ringraziamenti

Volevo ringraziare mia moglie Paola e i miei figli Sebastian e Mattia, ormai adolescenti. Che a differenza dell'altra volta, quando scrissi *Penso Positivo*, non hanno fatto commenti ironici. Lo considero un gran passo avanti: che stiano per entrare anch'essi nel "Club del Pensiero Positivo"?

Nell'anno appena passato, per me particolarmente negativo sotto molti aspetti, volevo ringraziare in particolar modo tre persone che, ognuna a modo suo, mi sono state vicino e di aiuto.

Per primo ringrazio Giacomo Bruno, già mio editore con l'ebook motivazionale *Penso Positivo*. A settembre del 2008 ho avuto il piacere di conoscere lui e sua moglie Viviana Grunert: due persone splendide, sempre con il sorriso sulle labbra, come piace a me. A Giacomo, in particolar modo, il mio *grazie* per i numerosi consigli che mi ha dato. Lo considero un po' il mio mentore, un punto di riferimento.

Come seconda persona ringrazio Marco De Veglia, un notissimo internet marketer nonché esperto di copywriting. A Marco debbo un grazie per alcune idee che mi ha suggerito e per ogni volta che ha risposto alle mie email, e posso garantirti che erano moltissime.

Sia Giacomo Bruno sia Marco De Veglia mi hanno dimostrato come si possa essere "grandi" e contemporaneamente delle persone semplici.

Un grazie anche a Mary Baruffaldi, un'amica conosciuta tramite internet, per la sua gentile collaborazione offertami a diffondere il *Pensiero Positivo*.

Un grazie a tutte le donne che hanno partecipato ai miei seminari motivazionali e fatto coaching con me. Un grazie particolare a coloro che ho citato, seppur cambiando i loro nomi, nel mio ebook.

Grazie anche a tutte le persone iscritte alla mia mailing list, che leggendo i miei articoli e ponendomi domande, mi hanno costantemente motivato ad andare avanti nel mio progetto, per la verità un po' utopico, di aiutare le persone attraverso le cose che sapevo fare meglio: ascoltare, motivare e comunicare. Per concludere, un sentito grazie a tutte le donne che leggeranno il mio ebook e lo metteranno in pratica.

Un grazie sincero a tutti!

Giancarlo Fornei

Racconto

Come ho già fatto in *Penso Positivo* chiudo l'ebook con un bellissimo racconto tratto, questa volta, dal libro *Le leggi d'oro della vita*, di John Marks Templeton (vedi note bibliografiche a fine ebook), che dovrebbe farci riflettere sul fatto che se ci guardiamo bene dentro, ci accorgiamo che "abbiamo molto" e nonostante questo *molto*, non siamo mai contenti.

Sarebbe bello, ogni tanto, smetterla di guardare chi ha più di noi con un pizzico d'invidia e gettare uno sguardo a quelle persone che, purtroppo, hanno molto meno di noi.

Sarebbe bello, ogni tanto, apprezzare ciò che abbiamo. E sarebbe bello se tu, anziché attendere passivamente gli eventi facessi uno sforzo per riappropriarti della tua vita. Sarebbe veramente bello.

Conta tutti i tuoi doni e ti sentirai grato

Mancavano solo pochi giorni a Natale e Jennifer Noble, una donna inglese, si sentiva giù di morale. Quella sarebbe stata la prima vacanza da quando aveva divorziato e si trovava negli Stati Uniti, a migliaia di chilometri da casa sua e dai suoi familiari. Si era sposata con un americano otto anni prima e negli ultimi due aveva vissuto nella zona occidentale, mentre lui studiava per fare carriera.

Dopo il divorzio aveva deciso di rimanere lì, ma la maggior parte dei suoi amici se n'era andata, e anche se stava incominciando a conoscere persone nuove e stava a poco a poco ricostruendosi una vita, in quel momento si sentiva davvero triste.

Non essendo il tipo di persona che si commisera troppo a lungo, sapeva che il modo per sentirsi meglio era quello di stilare un "elenco della gratitudine". Scrisse tutte le cose della vita per cui era grata e mentre lo faceva, il suo umore si risollevò. Sapeva anche, però, che la riconoscenza non è solo un sentimento, ma qualche cosa che si deve mettere in azione. E lei era decisa a non ricadere di nuovo in quell'atteggiamento da "povera me".

Per superare la malinconia e per migliorare la sua sensazione di benessere, Jennifer decise di aiutare le persone meno fortunate di lei. Si recò presso il centro locale dell'Esercito della Salvezza e aiutò a preparare il pranzo di Natale, poi acquistò qualche giocattolino per i bambini.

Questa è stata la sua scelta e non è detto che debba essere anche la vostra o la mia; ci sono scelte diverse a seconda del carattere e delle necessità. A volte possiamo ringraziare per tutti i doni che abbiamo ricevuto semplicemente prendendo il telefono e chiamando qualcuno con cui non siamo in contatto da molto tempo, o scrivendo un biglietto di ringraziamento per un regalo, oppure dicendo ai nostri figli quanto siamo felici che facciano parte della nostra vita.

Riconoscere attivamente le cose buone di cui godiamo ne crea altre ancora. Chi è grato sperimenta il meraviglioso equilibrio fra il dare e il ricevere. La gratitudine fa crescere in noi una coscienza positiva e piena di gioia e ci integra nel flusso della vita, ed è questo che ci dà la soddisfazione interiore.

Molte delle grandi figure del mondo hanno dovuto affrontare problemi tanto grandi che inizialmente sembravano insormontabili. Che cosa sarebbe successo se Beethoven si fosse autocommiserato per il fatto di essere sordo? Il mondo non avrebbe potuto trarre vantaggio dal dono della sua bellissima musica. Come sarebbe oggi il mondo dei trasporti se i fratelli Wright avessero rinunciato dopo le prime prove di volo? E se Herman Melville avesse smesso di scrivere perché, al momento della pubblicazione, Moby Dick era stato ignorato da critici e lettori?

Elencare le nostre benedizioni può trasformare la malinconia in buonumore; le risate e la gioia sono espressioni di lode e di ringraziamento per le glorie della vita. Quando guardate il bicchiere che simboleggia la vostra vita, potete vederlo mezzo pieno o mezzo vuoto: la scelta è vostra. Chi vede il bicchiere mezzo vuoto rimpiange il suo destino, è convinto che il mondo voglia solo farlo soffrire. Chi invece sa essere riconoscente sarà più portato a vedere il bicchiere mezzo pieno, e questo atteggiamento positivo si alimenta da solo.

Quanto più siamo gioiosi, tanto più diventiamo attraenti. Quando siamo grati per le nostre esperienze, ci diventa più facile vedere il bene che esiste sempre. Quando sorridiamo a un altro, è facile che ci restituisca il sorriso, e quel sorriso riflette un cuore felice che è aperto e ricettivo a tutto ciò che di bello la vita ha in serbo per noi.

Bibliografia

- Giacomo Bruno e Viviana Grunert, *La Nuova Legge di Attrazione*, Bruno Editore, pag. 21;

- Renée e Jean Simonet, *Scrivere per ricordare*, Franco Angeli Editore, pag. 105 (quando il libro è stato scritto, Renée Simonet era professoressa di Grammatica, Jean Simonet era un sociologo, direttore associato all'IDRH-Gruppo Charles Riley Consultants International);

- Massimo Barberi, *Caro diario*, in *Mente&Cervello* (agosto 2007), pag. 107;

- *Scrivere per pensare*, di e a cura di Luigi Solano, Franco Angeli Editore, pag. 107 (Solano è professore associato di psicosomatica all'Università La Sapienza di Roma);

- James W. Pennebaker, *Scrivi cosa ti dice il cuore*, Edizioni Centro Studi Erickson, pag. 108 (Pennebaker è direttore del Dipartimento di Psicologia all'Università del Texas a Austin);

- Roberta di Luise, *Caro amico fatti scrivere*, in *Benefit* (febbraio 2004), pag. 110;

- Frank Bettger, *Il venditore meraviglioso*, Longanesi, pag. 128;

- Dale Carnagie, *Come trattare gli altri e farseli amici*, Bompiani, pag. 128;

- Carlo Majello, *L'arte di comunicare*, Franco Angeli Editore, pag. 129 e pag. 155;

- Robert B. Cialdini, *Le armi della persuasione*, Giunti Editore, pag. 129;

- Jerry Richardson, *Introduzione alla PNL*, Alessio Roberti Editore, pag. 129;

- David G. Myers, *Il mistero dell'intuito*, in *Mente&Cervello* (ottobre 2007), pag. 136;

- Nadia Accardi, *Wonder woman contro Superman*, in *Benefit* (dicembre 2003), pag. 137;

- Albert Mehrabian, *Nonverbal communication*, Aldine Publishing Company, pag. 156;

- Giacomo Bruno, *Obiettivi*, Bruno Editore;

- Og Mandino, *Università del Successo*, Gribaudi Editore, pag. 267;

- T. Harv Eker, *I Segreti della Mente Milionaria*, Gribaudi

Editore, pag. 268;

- Piers Steel, *Un'equazione che rimanda gli impegni*, in *Mente&Cervello* (marzo 2007), pag. 290 (Piers Steels insegna all'Università di Calgary);

- Jack Canfield, Mark Victor Hansen, Les Hewitt, *Il potere della focalizzazione*, Essere Felici Edizioni, pag. 309;

- John Marks Templeton, *Le leggi d'oro della vita*, Gruppo Editoriale Armenia, pag. 320.